经济法基本问题研究

吴 蕾 著

吉林大学出版社

·长春·

图书在版编目（CIP）数据

经济法基本问题研究 / 吴蕾著. -- 长春：吉林大
学出版社，2021. 9
ISBN 978-7-5692-8796-7

Ⅰ. ①经… Ⅱ. ①吴… Ⅲ. ①经济法-研究 Ⅳ.
①D912. 290. 4

中国版本图书馆 CIP 数据核字（2021）第 182280 号

书　　名　经济法基本问题研究
　　　　　JINGJIFA JIBEN WENTI YANJIU

作　　者　吴　蕾　著
策划编辑　李伟华
责任编辑　李伟华
责任校对　卢　婵
装帧设计　王　艳
出版发行　吉林大学出版社
社　　址　长春市人民大街 4059 号
邮政编码　130021
发行电话　0431-89580028/29/21
网　　址　http：//www. jlup. com. cn
电子邮箱　jdcbs@ jlu. edu. cn
印　　刷　三美印刷科技（济南）有限公司
开　　本　787mm×1092mm　1/16
印　　张　11
字　　数　200 千字
版　　次　2021 年 9 月　第 1 版
印　　次　2021 年 9 月　第 1 次
书　　号　ISBN 978-7-5692-8796-7
定　　价　58. 00 元

　　经济法是法律体系的重要组成部分，其在19世纪末20世纪初以后才陆续出现于世界各国，并逐渐发展壮大为一个独立的法律部门。经济法的形成与生产高度社会化密切相关，由于生产高度社会化，社会的经济调节机制与现代国家的职能发生了改变，在这种背景下，国家的经济调节亟须一个专门的法律部门予以规范，经济法便出现了。经济性与规制性是经济法的两大特征，就经济性而言，主要体现在经济法作用于市场经济、反映市场经济规律、是经济政策的法律化以及运用法律化的经济手段几个方面；就规制性而言，则意指经济法在调整方法上实现的促进和限制、奖励和惩罚结合并用。

　　经济法在运行过程中对两类关系进行调整——宏观调控关系、市场规制关系，二者是经济法最基本、最核心的调整对象，宏观调控主要涉及财税、金融、计划等领域，市场规制则集中于反不正当竞争、消费者保护等领域。虽然对这些领域关系的调节立足于社会经济的总体平稳发展，但与人们日常生活的关系也十分密切，实际上正是经济法对这些领域关系的调节，才清除了人们经济活动开展中的障碍，让人们正常的经济行为得到法律保障，同时，受到侵犯的经济权益也才得以维护。

　　随着社会发展中各类经济问题的频现，经济法的重要性日益凸显，越来越多的学者对经济法投以关注，相关研究著作也随之涌现，《经济法基本问题研究》就是其中之一。本书首先介绍了经济法的基础理论，包括体系、地位、宗旨、原则等，并对经济法主体的类型、行为、权利、义务、责任进行了详细分析；其次，从市场规制法律制度与宏观调控法律制度两方面对经济法进行了阐释，其中既包括基本原理层面的内容，也涵盖了各种具体的法律制度——反不正当竞争法律制度、消费者权益保护法律制度、产品质量法律制度、财政法律制度、税收法律制度、金融调控法律制度、计划法律制度；再次，立足当前社会主义生态文明建设的时代背景，对经济法的生态文明转向——循环经济法加以研究，包括循环经济法与生态文明建设的密切关系、循环经济法在生态文明建设中的巨大价值以及循环经济法推动生态文明建设的实现；而后，以软法作为法的合理性、经济法治与软法之治的契合入手，对我国经济法软法之治的乱象、应当遵循的原则与完善对策进行了解读；最后，关注经济法在现实生活中的渗透，分别探究了海外代购、网约车、网络虚假宣传行为的经济法规制。

本书对经济法相关理论与制度的介绍力求严谨，对经济法发展与实施相关问题的探究力求深刻，对经济法规制在人们生活中应用的分析力求贴合实际、抓住重点，以期恰当地向读者展现经济法的面貌，为读者认识、了解经济法提供参考，同时促使读者掌握基本的经济法原理。

本书在撰写过程中得到了众多学者的支持和鼓励，同时参考和借鉴了有关专家、教研人员的研究成果，在此对其表示诚挚的感谢！由于作者水平有限，对经济法相关问题的研究难免存在疏漏和不足之处，诚望广大读者批评指正。

目　录

第一章 经济法基础理论

经济法的产生和发展是社会经济发展的必然结果，而研究经济法基础理论是学习经济法基本问题的基础，只有掌握经济法基础理论，才能更好地学习经济法。

第一节 经济法概述

一、经济法的概念

什么是经济法？各国的学者都曾试图通过给出经济法概念的方式来做出简要回答。按照通常的理解，经济法的概念，是关于经济法的概括性的观念，它应当能够揭示经济法的内涵和外延，从而进一步揭示经济法的特征、本质、地位、体系、原则等诸多理论问题。

(一) 概念的研究价值及其提炼方法

研究经济法的概念，至少具有以下几个方面的价值：

第一，节约交流成本。由于经济法发蒙未久，对许多相关问题可能人殊言殊，因而对经济法的概念先做出交代，以确立一个基本的交流平台，有助于避免发生误解和误读。

第二，增进理论自足。经济法的概念是对经济法认识的高度浓缩，从理论的系统性和内在逻辑性来看，从经济法概念应当可以推导出经济法的其他相关理论，从而实现各类相关理论之间的互通互证，增进经济法理论的内在自足性。

第三，推进学派形成。对重要概念或范畴的提炼和使用，以及由此而形成的一套理论，对于学派的形成具有重要价值，也是一个学科是否成熟的重要标志。同样，对于经济法概念的不同提炼和使用，也应当是区分不同理论流派的标志，并会影响经济法学派的形成和发展。

在部门法概念的提炼方法上，人们一般认为，给部门法下定义的基本公式是："某某法是调整某某社会关系的法律规范的总称"，从逻辑学上说，上述公式可以概括为"属+种差"。从经济法的概念提炼来看，"属"是指经济法也是"一类法律规范的总称"；而"种差"，则是指经济法所调整的"某类特定的社会关系"，它是经济法的特定调整对象和调整范围。

目前，对于经济法是"一类法律规范的总称"，已经没有什么异议，主要是在经济法的"种差"，即调整的是哪类特定的社会关系方面，人们的认识还不尽相同。因此，要说明经济法的概念，就必须揭示其调整的对象，由此形成了经济法理论中的调整对象理论。

（二）调整对象理论

任何有效的理论，都需要有自己的逻辑起点和分析框架。同其他部门法学一样，经济法理论的逻辑起点，也是调整对象理论。调整对象理论的核心内容，就是揭示经济法概念中的"种差"，以解析经济法同其他种类部门法的差别。

在调整对象理论方面，人们往往都自觉不自觉地接受了一个假设，即各类部门法的功能，都是调整一定的社会关系；由于调整的社会关系不同，而各类社会关系又相互关联，因此，部门法之间才既有区别又有联系。在经济法的调整对象方面，同样也需要从纷繁复杂的社会关系中抽取一部分社会关系，并将其确定为经济法的调整对象。

对于经济法的调整对象理论，学界已经做出了大量的研究，人们通常关注以下几个问题：

1. 研究调整对象的重要性

经济法是一个新兴的部门法，研究其调整对象的重要性，主要体现为以下几个方面：

（1）从理论研究的需要看，调整对象是整个经济法研究的入口和钥匙，是研究的逻辑起点。只有弄清这个问题，才能有效地提炼经济法的概念，进一步研究经济法的特征、宗旨、本质、原则、地位、体系等一系列理论问题。

（2）从新兴部门法的特点来看，经济法作为新兴的部门法，同样涉及其存在的价值、地位，以及与其他部门法的关系问题，而调整对象则通常是各个部门法相互区别的主要标志。

（3）从理论研究的历史和现实看，国内外对于经济法的看法，可以分为肯定说与否定说两类，肯定说认为经济法是一个独立的法律部门，否定说则恰恰相反。而经济法是不是一个独立的法律部门，则取决于它有无自己独立的调整对象。

可见，研究调整对象至为重要，应当通过探寻人们在调整对象理论上的基本共识，来对调整对象做出合理提炼。

2. 有关经济法调整对象的共识

在经济法学产生之初，曾经产生了多种不同的有关经济法调整对象的观点，随着人们认识的不断深化，有关经济法调整对象的共识也日益增加，这些共识包括基础性共识和专业性共识两个方面。

（1）基础性共识

在基础性共识方面，人们一般认为：第一，经济法的调整对象也是一定范围内的社会关系。为此，必须正确地抽取和划分出一定范围的社会关系，作为需要由经济法调整的社会关系。第二，经济法的调整对象是整个经济法研究的逻辑起点，由此可以进一步推导出经济法的其他理论问题。第三，经济体制、法律传统以及人们认识的深度，会直接影响经济法调整对象的确定。

（2）专业性共识

专业性共识主要体现在经济法调整对象的特定性，以及确定经济法调整对象的出发点方面。

对于经济法调整对象的特定性，主要形成了以下共识：①经济法的调整对象有一定的范围，且可以特定化。②与其他部门法的调整对象有区别，不存在对特定的、具体的经济关系的交叉调整问题，因为不同法律主体的角色及其从事的具体行为，都直接影响着法律所调整的社会关系性质。③经济法调整的并非一切社会关系，而主要是传统部门法所不调整的具有经济性质、经济内容的社会关系。因此，不具有经济性质的人身关系、已由传统部门法调整的民事关系、行政管理关系等，都不属于其调整范围。

对于如何确定经济法调整对象的出发点，人们的共识是应当注意"问题定位"和"客观定位"。其中，"问题定位"要求必须从社会经济现实出发，尤其要从人类的经济行为、社会活动及其所带来的问题出发，根据解决经济问题和社会问题的需要，来确定经济法所需要调整的对象、领域、目标，以及调整的方法。此外，"客观定位"要求必须从理论研究的实际需要出发全面考察传统与现实、理论与实际、实然与应然，科学地而不是主观臆断地确定调整对象，从而处理好相关部门法以及相关学科之间的关系。

从法的产生及其与调整对象的关系来看，经济、社会等领域里的某些"新问题"的产生，需要法具备一定的"新功能"，即传统法所不具备的功能。

而"新功能"的生成，则要求法律具备特殊的"新结构"，包括特殊的主体结构、行为结构、责任结构等；具备上述"新结构"的法，必然会有自己的"新体系"，而这种"新体系"，作为解决新型问题的法律规范的体系，则同法所调整的新的社会关系直接相关。

3. 经济法的具体调整范围

既然研究经济法的调整对象，应当从现实问题出发，尤其应从现代社会存在的经济问题和社会问题出发，因此，应当考察经济法调整所需面对的问题。

在当代世界各国，几乎都在实行市场经济体制，但各类经济问题也日益突出。其中，最为引人瞩目的，就是市场机制在配置资源方面的低效或失效，即市场失灵问题。市场失灵问题的存在，使人们更加关注市场经济的局限性，以及政府的能动作用等问题，并试图在政府与市场之间做出取舍，而这种取舍，则带来了从思想到行动、从政策到法律、从经济到社会、从西方到东方、从历史到现实等多个层面的周期变易，也带来了法制建设必须面对的重大现实问题。

市场失灵，无论是缘于经济领域的垄断、外部效应，以及公共物品、信息偏在等，还是缘于社会分配不公等，所带来的问题是全方位的。从宏观的角度来看，市场失灵会造成产业失衡，并由此带来经济结构的失衡；而各类经济结构的失衡，则会造成总量失衡，因而就必须依据一定的经济目标和社会目标，进行有效的宏观调控；而宏观调控的主体则是广义的政府，政府由于诸多原因，在调控方面可能会出现政府失灵的问题，只有依法调控才能更好地解决问题；而要依法调控，就必须有宏观调控法，并依宏观调控法来调整政府与国民之间存在的宏观调控关系。上述由市场失灵造成的法律上的问题以及相互之间的内在关联，可以大体上表示如下：

市场失灵—经济失衡—宏观调控—政府失灵—依法调控—宏观调控法。

此外，市场失灵不仅需要从宏观层面上解决，也需要微观层面上的规制，从而产生了另一个层面的问题。一般说来，市场失灵会导致竞争失效，因而需要对相关市场主体的市场行为进行规制，并进而实现对整个市场结构的规制。通过综合性的经济性规制和社会性规制，有助于更好地实现对整个市场的规制。通常，市场规制是由政府做出的，同上述的宏观调控一样，在市场规制领域，也同样会存在政府失灵的问题，也需要政府加强依法规制，为此，就需要有相应的市场规制法。上述由市场失灵所造成的法律上的问题及其相互间的关联，大体上可以表示如下：

市场失灵—竞争失效—市场规制—政府失灵—依法规制—市场规制法。

市场失灵在宏观、微观层面所带来的诸多问题，是以往的法律制度不能有效解决或者无力解决的，因而加强宏观调控和市场规制的法制建设是很必要的。宏观调控和市场规制的联系非常密切，两者在性质、目标、方向等方面从根本上说是一致的，从而也使两类制度的联系非常密切。在宏观调控和市场规制过程中形成的两类关系，即宏观调控关系和市场规制关系，必须依法进行调整，由于这些关系又恰恰是传统的部门法所不能有效调整的，于是，它们便成了新兴的经济法的调整对象。应当说，市场失灵带来的重要制度创新，就是宏观调控法和市场规制法的产生，以及整体上的经济法的产生。

可见，从调整范围上看，经济法的调整对象包括两个方面，一个是宏观调控关系，一个是市场规制关系，可以分别简称为调控关系和规制关系，或者合称为"调制关系"。因此，经济法的调整对象，最简单地说，就是"调制关系"。

尽管对于经济法的调整对象，学者的观点不尽相同，有的学者并不是把经济法调整对象进行上述的"二分"，但把上述两类关系作为经济法最基本、最核心的调整对象，已殆无异议。这是进一步提炼经济法概念的基础。

4. 调整对象的进一步具体化

对于上述的宏观调控关系和市场规制关系，还可以做进一步的具体分类。由于宏观调控主要涉及财税、金融、计划等领域，因而宏观调控关系可以分为财税调控关系、金融调控关系、计划调控关系，可以分别简称为财税关系、金融关系、计划关系，它们同各国在宏观调控方面通常采用的财税、金融、计划三大手段是一致的；由于市场规制主要涉及反垄断、反不正当竞争、消费者保护等领域，体现的是对市场主体的市场行为等方面的专门规制，因而市场规制关系也可以分为反垄断关系、反不正当竞争关系、消费者保护关系。

此外，由于宏观调控和市场规制，都涉及相关的国家机关的权力分配问题，因而在宏观调控关系和市场规制关系中，还都包含着一类特殊的社会关系，即体制关系，如财政体制关系、金融体制关系，等等。由于经济法的调整直接关系到国民的财产权、经济自由权等基本权利，要有效地保护国民的基本权利，就必须依法界定国家的权力边界，因此，在宏观调控和市场规制方面，都要严格执行法定原则，依法在各类国家机关之间进行"分权"，从而形成各种类型的体制关系或称分权关系。

事实上，在经济法调整的各类社会关系中，都涉及基础性的体制关系，如财政体制关系是财政收支关系的基础，税收体制关系是税收征纳关系的基础，等等。上述体制关系既有共性又有个性，体现了经济法与一些传统部门法在调整对象方面的重要差别。

以上主要是对经济法调整范围的基本界定，同时，也是对经济法调整对象的进一步具体化，在此基础之上，就可以给出经济法的基本定义。

（三）经济法的基本定义

经济法是调整在现代国家进行宏观调控和市场规制的过程中发生的社会关系的法律规范的总称。简单地说，经济法就是调整调制关系的法律规范的总称。

对经济法概念的提炼，至少有助于理解以下几个方面的问题：第一，由于宏观调控和市场规制是作用于现代市场经济，因而经济法具有突出的现代性，这是它与传统部门法的重大不同。第二，基于经济法的宗旨和所要解决的主要问题，它主要是运用法律化的宏观调控和市场规制手段来进行调整，因此，与其他所有的部门法相比，它又具有突出的经济性和规制性。经济性、规制性与现代性，都是经济法的突出特征。第三，上述的经济法概念，可以涵盖日益打通的国内经济法和国际经济法，这本身也是经济全球化的需要。第四，经济法不仅要像传统的民商法那样调整一般的经济关系，而且还要调整日益重要的体制关系，即不仅涉及市场主体之间的经济关系，还涉及相关的体制关系或称分权关系，从而不仅关乎个体私益，也关乎社会公益乃至国家利益。

二、经济法的特征

（一）经济法的经济性

从经济法的作用领域、调整对象、调整目的、调整手段等诸多方面来看，经济法具有突出的经济性，即经济法的调整具有降低社会成本，增进总体收益，从而使主体行为及其结果更为"经济"的特性。经济法的经济性至少体现在以下几个方面：

（1）经济法作用于市场经济，直接调整特定的经济关系；调整的目标是节约交易成本，提高市场运行的效率。这与"经济"一词所包含的"节约"含义是一致的，同时，也是经济法的本质、宗旨、作用的体现。从这个意义上说，经济法就是使经济活动在总体上更加"经济"的法。

（2）经济法要反映经济规律。经济法要保障经济活动更加"经济"，提高总体福利，必须遵循和体现相关的经济规律，包括价值规律、竞争规律、投入产出规律等。经济法只有充分尊重和体现经济规律，才能引导市场主体依法从事经济合理的行为，实现综合效益和宏观经济的目标，以及自身的调整目标。

（3）经济法是经济政策的法律化。经济政策是经济立法的前提，经济法是经济政策的法律化。经济政策与经济法内在的密切联系及其重要影响，也是经济法不同于其他部门法的一个重要特征。

（4）经济法运用的是法律化的经济手段。与传统的民事、刑事或行政手段不同，经济法的调整手段是法律化的经济手段，包括法律化的宏观调控手段和市场规制手段。这些手段能够引导人们趋利避害，从而实现经济法所追求的效益目标。

（5）经济法追求的是总体上的经济效益。经济法的调整以总体上的经济效益的提高为直接目标，同时，也以社会利益等其他利益的综合保护为间接目标。经济法的调整不仅要降低私人成本，更要降低社会成本，从而在总体上实现效益的最大化。

（二）经济法的规制性

所谓经济法的规制性，是指在调整的目标和手段方面，经济法所具有的把积极的鼓励、促进与消极的限制、禁止相结合的特性[1]。它体现的是一种高层次的综合，并非只是狭义上的"管制"，因而与"规制经济学"上的狭义理解是不尽相同的，应当在转变传统法律观念的基础上，从广义上来理解规制。

规制性在宏观调控法和市场规制法方面体现得都很明显。由于调控本身也是一种规制，因此，不仅市场规制法具有突出的规制性，而且宏观调控法在法律化的经济手段的运用方面，也有着非常突出的规制性。由此也可以看出宏观调控法与市场规制法之间的内在联系。

第二节　经济法的体系和地位

一、经济法的体系

（一）经济法体系的界定

经济法的体系问题，是经济法理论中的又一个重要问题。经济法的体系同经济法的调整对象有着直接的内在联系，两者都是把握经济法理论的关键。对经济法体系的认识，可以折射出学界对经济法在总体上取得共识的程度。

---

[1]　张守文. 经济法学 ［M］. 北京：北京大学出版社，2018：14.

所谓经济法的体系，通常是指各类经济法规范所构成的和谐统一的整体①。由于经济法的体系是由不同类型的法律规范构成的，因而各种类型的经济法规范，便分别构成了经济法的一个部门法。为此，就需要研究经济法的部门法有哪些，以及它们是如何组成一个和谐的整体的。

有鉴于此，研究经济法的体系，就需要研究经济法规范的分类，并在此基础上，再研究经济法体系的内部结构。只有很好地研究经济法规范的分类与结构问题，才能更好地把握经济法体系的构成，更好地研究经济法体系内部的各个组成部分之间的关系。

此外，从一般的法理上说，法律体系应当是相关法律规范内在和谐的统一整体，经济法的体系，作为相关的经济法规范所构成的一个内在和谐统一的整体，也可称为经济法系统。运用系统分析的方法，就可以更好地认识经济法的体系，揭示经济法规范的类别及其所形成的特定结构。

（二）经济法体系的基本构成

依据一般法理，一个部门法体系的构成主要取决于该部门法的调整对象，这对于经济法体系的构成也是适用的。如前所述，在国家进行宏观调控和市场规制的过程中形成了两类社会关系，即宏观调控关系和市场规制关系，这些社会关系是传统的部门法都不调整的，因而成为新兴的经济法的调整对象。由此使经济法规范被分成了两类，一类是调整宏观调控关系的法律规范，一类是调整市场规制关系的法律规范。前者可以总称为宏观调控法，后者可以总称为市场规制法。

在把经济法规范分为宏观调控法和市场规制法的基础上，还可根据各类规范的具体调整范围，进一步地分类。例如，从宏观调控的角度来看，世界各国主要运用财税、金融、计划这三类经济政策以及相应的三类经济手段来进行宏观调控，这些政策及其手段的法律化，就构成了调整宏观调控关系、规范宏观调控行为的法律规范，它们可以相应地进一步分为财税调控法规范、金融调控法规范、计划调控法规范，从而构成了宏观调控法的三大类别。又如，从市场规制的角度来看，各国主要通过竞争政策和消费者政策来进行直接的市场规制，而这些政策的法律化，就构成了一国的竞争法和消费者保护法，并可以进一步分为反垄断法、反不正当竞争法、消费者保护法规范，这与市场规制所保护的不同主体的不同法益以及所运用的不同手段是一致的，它们构成了市场规制法的三大类别。

---

① 马春元. 经济法 [M]. 郑州：河南人民出版社，2007：6.

从上述经济法规范的分类来看，既然经济法规范可以分为宏观调控法律规范和市场规制法律规范，则经济法体系首先可以分为宏观调控法和市场规制法这两大部分，由此便形成了一个重要的"二元结构"，这与经济法调整对象上的"二元结构"是相对应的。其次，上述的宏观调控法律规范和市场规制法律规范还可以做进一步的细分，由此形成了经济法体系中的各个部门法。其中，宏观调控法包括三个部门法，即财税调控法、金融调控法和计划调控法，分别简称财税法、金融法和计划法；市场规制法也包括三个部门法，即反垄断法、反不正当竞争法和消费者权益保护法。上述的各个部门法都可以有具体的立法体现；各类具体的经济法规范，都可以分散到经济法的上述各个部门法中。

上述对经济法体系中的各个部门法的描述，可以大略概括为"财金计划调控法，两反一保规制法"。

当然，按照部门法原理，上述部门法还可以进一步细分。如财税法包括财政法与税法两个具体的部门法，其中，财政法具体包括预算法、国债法、政府采购法、转移支付法等；税法又包括税收体制法与税收征纳法，而税收征纳法又可以进一步分为税收征纳实体法（商品税法、所得税法和财产税法）与税收征纳程序法等。

上述分类，对于经济法的其他部门法也都适用。例如，基于上述原理，金融法可以分为金融体制法（如有关金融调控权分配的规范）和金融市场调控法（包括对货币市场、证券市场、保险市场等诸多重要金融市场的调控的规范），计划法可以分为计划体制法和计划协调法（如经济稳定增长法等）。又如，在市场规制法领域，核心问题是保障竞争秩序、保障基本人权，与此相关，在竞争领域的市场规制法规范，可以分为竞争体制法和竞争行为规制法，如反垄断法可以包括反垄断体制法和垄断行为规制法；反不正当竞争法则包括反不正当竞争体制法和不正当竞争行为规制法，等等。当然，它们在名称上与具体法律文件的名称未必一致。

上述经济法规范的不同层次的分类，直接影响经济法体系的内部结构。从总体上看，经济法体系的内在结构是一个层级结构。其中，第一层结构，是体现经济法的调整范围、机能或调整手段的两类规范群，即宏观调控法规范群与市场规制法规范群，简称宏观调控法和市场规制法；第二层结构，是分别体现宏观调控职能的三个部门法，以及体现市场规制职能的三个部门法，它们一般也被称为经济法的亚部门法；第三层结构，每个亚部门法还可进一步分为若干小的部门法。

上述结构表明，各类经济法规范在数量比例关系及排列顺序上是较为合适的，同时，各层结构的各类规范之间都有着内在的协调互补的关系，而不是相互交叉、重叠、冲突的关系，从而使经济法系统能够较为稳定地发挥其整体功效。

需要说明的是，以上纯粹是从部门法而非形式意义的立法上来理解的。在各类具体的形式意义的立法中，可能包含有其他的部门法规范，如形式意义的财税法中可能有行政法规范，形式意义的金融法中可能有民商法规范，形式意义的计划法中可能有宪法规范，等等，这些都是正常的。也正是在这个意义上，可以认为法学上的部门法划分，都是以其主要性质为主进行的一种大略划分。

（三）经济法体系内部两类规范的交叉融合问题

经济法体系中的两大类规范所构成的"二元"，并非截然孤立，而是存在着密切的内在联系。随着"二元结构"中的特殊规范的发展，宏观调控法和市场规制法的联系更为紧密，经济法作为一个统一的部门法的地位更为牢固。

从规范生成的先后来看，一般认为，市场规制法比宏观调控法产生更早，与传统的行政法的联系也更为密切，从传统法中汲取的养分也相对更多。而宏观调控法，则是在经济理论、社会理论和政治理论有了一定发展的基础上，特别是在法律理论及相关立法有了一定发展的基础上，才逐渐产生和逐渐被认识的一个重要领域。人类的实践已经表明并将一再表明，宏观调控法的有效实施，离不开市场规制法的调整所确立的基本秩序，同时，也为市场规制法所确保的市场秩序提供了重要的外部环境；而市场规制法的有效实施，也离不开宏观调控法所提供的相关保障，并且，恰与宏观调控法的调整相得益彰。

对于宏观调控法和市场规制法的关系问题，学界已经有了一定的探讨。但对于其在具体制度上的交叉融合问题，则关注不多。事实上，在具体的立法中也已经体现出了这样的一种趋势。这既反映了两者之间的固有联系，也体现了在现代市场经济条件下相关问题的复杂性。例如，在反倾销和反补贴的立法中，就既有关于调查机关及其程序的规定，也有关于企业竞争、经济秩序、产业损害、税款征收等方面的规定，体现了宏观调控和市场规制的结合。如果对其进行深入研究，则有助于看到问题和规范的复杂性。

可见，在宏观调控法和市场规制法各自的发展过程中，一些非典型性的宏观调控法规范和市场规制法规范，作为"二元结构"的"中间地带"，也逐渐变得重要。这些非典型性的、过渡性的规范在"二元结构"的罅隙中日益生长，使宏观调控法和市场规制法更加融为一体，从而为提炼经济法规范共通的法理奠定了重要的基础。

二、经济法的地位

（一）地位问题的提出

从一般的法理上说，研究某类法的地位，主要是看它在整个法律体系中有没有自己的位置，是否可以成为一个独立的法律部门；如果能够成为一个独立的法律部门，则还要说明其所处层次、重要性如何、与其他相关部门法是什么关系等问题。上述问题在一些传统的部门法学科中通常是不集中讨论的，因为人们往往认为传统部门法的"地位"不应存在问题，或者该问题已不复存在。但是，对于经济法之类的新兴部门法，则需要对其地位问题进行说明。

经济法的地位问题，通常是指经济法在整个法律体系中有无自己的位置，以及具体位阶如何的问题。其判断标准主要是经济法能否成为一个独立的法律部门，以及该法律部门在法律体系中位于哪个层次。

在经济法理论的发展历史上，是否承认经济法的独立地位，是否承认经济法是一个独立的法律部门，曾被作为划分经济法理论流派的一个重要标准，所谓经济法的肯定说和否定说，也主要是由此而产生的。

探讨经济法地位的具体维度，同样可以有多个，例如，人们通常比较关注法律部门或者部门法的维度，但除此之外，还可以从调整对象、法律体系、法律价值等其他维度来展开探讨。

（二）从部门法的维度看经济法的地位

从部门法理论的角度来看，经济法是否能够成为一个独立的法律部门，直接关系到它在法律体系中是否有独立的地位，关系到其存在的合理性、合法性等问题；而要论证经济法是一个独立的法律部门，就必须说明经济法有自己独特的调整对象。因为只有存在自己独立的调整对象，只有存在调整性质相同的社会关系的那些法律规范，才能够构成一个独立的部门法。

经济法学界乃至整个法学界非常关注经济法调整对象的研究，并根据对经济法是否存在独立的调整对象的认识，提出了经济法的肯定说和否定说。这在对经济法学有一定研究的各国，几乎是一个普遍的现象，特别是德国、日本以及受其影响的我国，在经济法学发展的最初阶段，尤其如此。由于经济法是新生事物，学界对其缺少深入研究，因而最初往往会有各个领域的法学家参与有关经济法问题的探讨。在我国，许多在今天看来属于经济法学领域以外的著名学者，当年也都参加了相关问题的讨论，他们从不同角度提出的问题甚至诘问，对经济法学的全面发展是很有益处的。

随着人们认识的逐渐深入，特别是随着市场经济的理念和相关法律知识的引入，我国学者对经济法调整对象的认识也日益清晰，并认为经济法不仅有自己独立的调整对象，而且主要是调整宏观调控关系和市场规制关系。在明确界定了调整对象的情况下，按照传统的部门法理论，经济法当然可以成为一个独立的法律部门，在整个法律体系当然可以有自己独立的地位，并且是整个法律系统中日益重要的一个子系统。

上述认识，不仅已为经济法学界所认同，而且一些非经济法学领域的重要学者也逐渐承认了经济法的独立部门法地位。法学界的上述日益增进的共识，连同经济法本身在经济和社会生活中所发挥的重要作用，使得经济法的独立地位被社会公众视为一个不需要争论或毋庸置疑的问题，从而对相关国家机关的认识也产生了影响。例如，全国人大常委会就在其相关的报告或文件中，正式明确经济法是我国法律体系中七大部门法之一。

据此，经济法在整个法律体系中的地位已经得到了国家立法机关的全面肯定。

（三）从法域维度看经济法的地位

从法域理论来看，整个法律由公法和私法两大法域构成，这是对法律的一个基础性的划分。正是基于两大法域的不同，才产生了不同的公法原理和私法原理，才产生了繁盛的公法研究和私法研究。在传统的公法和私法这两大法域的基础上，有的学者提出了所谓的"公法的私法化"和"私法的公法化"的命题，进而提出了第三法域——社会法。但对于社会法究竟是隐含于公法内部，还是公法与私法的交集，抑或是独立于两大法域之外，学者尚有不同的看法。

在把社会法理解为法域而不是部门法的情况下，社会法往往被认为是一个包罗甚广的领域，它既可以包含经济法、劳动法、环境法等部门，也可以包含部门法意义上的社会法，因而是一个跨越诸多新兴部门法的"法域"。这种认识应当说是具有一定的解释力的，甚至在当时也有一定的"新意"，它在一定程度上回应了社会本位、社会公益、社会责任等理念或观念的发展，因而很容易为一些具有社会责任感的人们所接受，但其中仍然有许多问题值得深入思考。

例如，社会法作为一个法域，能否独立，是内含于公法之中还是独立于公法之外？社会法是与公法、私法两大传统法域位于同一层面，还是处于更高的位阶？法的社会性应当从什么角度来理解，传统的私法是否有更多的社会性？能否以法是否具有社会性来判断是否存在社会法？与此同时，在公共政策迅速发展的情况下，公法是否也有了更多的社会性，并因而使某些公法规范也发展成为典型的社会法？这些问题都很值得深思。

此外，社会法是否要以社会团体为其独立的主体？是否要以社会权利为其独立的权利形式？是否要以社会责任为其独立的责任形式？是否要以社会公益为其独立的法益？是否存在独立的社会团体来代表社会法所保护的社会公共利益？社会法本身是否要完全独立于传统的公法体系？等等。这些问题都需要深入研究。

近些年来，"社会法"一词至少会在两个层面上被使用，一个是部门法层面，一个是法域层面。

从部门法角度看，社会法作为一个部门法，与经济法是并列的关系，两者互不包含，也不应存在交叉重叠，而都应当是法律体系中的重要组成部分。只是在把社会法视为一个包含了诸多部门法的法域的情况下，才会产生经济法是否属于社会法的问题。

从法域的角度来看，学者的认识并不一致。例如，有人认为，经济法作为一个部门法，既不属于公法，也不属于私法，而是属于独立的社会法法域。也有人认为，社会法法域是公法法域与私法法域的交集，因而经济法是公法与私法的混合法，此外，还有人认为，社会法法域与公法法域、私法法域并非处于同一个层面，而是位于传统的两大法域之上的一个层次，社会法法域内的各类法都是一种高层次的法。

事实上，尽管公法与私法的分类标准有很多，但基本的分类标准无外乎几种，如主体标准、法益标准、行权标准等。在今天，依据上述标准，仍然能够对现有法律体系进行划分，也能够对所谓社会法法域的诸法进行归类。事实上，纵观社会法法域的诸法，其法律主体都少不了国家，且都与公众、公共团体等有关，因而有"公"的一面；同时，在法益保护上，不只包括明确的或隐含的国家利益，以及传统的个体利益，而且还更强调社会公共利益，因而"公益性"很突出；在行权方面，不只有国家公权力的强制性参与，而且还有公众权力或权利，以及公共机构的权力，而并非强调"个人本位"。可见，在上述各个方面，都具有突出的"公"的特征，只不过这是一种广义的"公"，由此可以在广义上对公法的外延进行一定的拓展。

如果上述的解释存在合理性，如果看到社会公共利益仍然需要国家作为最有力的代表，如果正视国家的强势立法在社会法法域中的重要作用，则可以认为，传统的公法与私法的二元划分尚未完全过时，处于社会法法域中的经济法具有更为突出的公法特征，因而仍然可以把它归入公法之中。

无论把经济法放入争论中的社会法法域，还是将其放入经过拓展的公法法域，学界都认为经济法在上述法域中有其独立的地位，同时，通常也都不把它放入私法的法域。

（四）经济法在相邻关系中的地位

所谓相邻关系，在这里是指经济法与其相邻近部门法之间的关系，它所揭示的是经济法的外部关系。由于只有在法律体系中具有独立地位的部门法，才可能同其他相关部门法之间既存在一定的区别，又发生一定的关联，从而使整个法律体系自成系统，因而往往认为：通过说明经济法与其他部门法之间的相邻关系，就可以揭示经济法的价值和独立地位。

在经济法与其他部门法的关系方面，较为引人瞩目的是经济法同宪法、民商法、行政法、社会法的关系，此外，经济法同诉讼法、刑法等部门法的关系，在某些方面也颇受关注。这反映了各个部门法的分工及其职能方面的差异。

1. 经济法与宪法的关系

从总体上说，两者之间是根本法与普通法的关系。宪法中的相关规范，是经济法规范确立的基础；经济法规范，是宪法规范的具体化。事实上，现代的宪法已经有了很强的"经济性"，从一定意义上说，一部现代宪法同时也是一部经济宪法，从经济体制到产权制度，从经济主体到经济权利，从经济管理权限到经济利益分配，等等，都要不同程度地体现在宪法上，并要具体地体现在经济法规范之中。

此外，宪法作为一部分权的法，不仅要在国家与国民之间分权，而且要在相关国家机关之间分权，而这些分权的规定对经济法调整的影响恰恰十分巨大，并形成了经济法上的各类体制法，如财政体制法、税收体制法、金融体制法、计划体制法，等等。因此，从制度形成上说，宪法确实为整个经济法提供了重要的基础；经济法的各类制度，不过是对宪法规定的具体化。

2. 经济法与民商法的关系

在过去很长的一段历史时期，经济法与民法的关系曾经备受关注。随着公共部门与私人部门、公共经济与私人经济等二元结构的日益明晰，经济法与公共经济、公共部门的对应关系，以及民法与私人经济、私人部门的对应关系，也都日渐清晰。由此使得两大部门法的区别更加明晰，并形成了两大部门法在法律调整上的互补关系。两大部门法只有有效配合，才能更好地保障公共物品和私人物品的提供，才能共同实现对各类复杂的社会经济关系的法律调整。

民法是典型的私法，而经济法在性质上不属于私法，两者在调整对象以及由此衍生出的各类区别是比较显见的。但是，商法作为民法的补充和发展，与经济法的关系如何，则还存在一些不同的看法。尽管对于商法能否独立存在，在民法学界和经济法学界都有不同的看法，但仍然有一些人认为商法可以独立存在，并由此认为经济法与商法的联系非常密切，甚至存在相互包含或交叉的关系。

其实，即使在承认商法的情况下，也应看到，经济法与商法的区别是较为明显的，例如：第一，经济法属于公法，而商法属于私法，是民法的特别法，两者在宗旨、保护法益、主体地位等方面都有所不同。第二，在调整对象方面，经济法调整调制关系，而商法调整商事关系，它一般被看作是关于商人和商行为的法，两者在法域、功能等方面各不相同。从总体上说，从民法到商法再到经济法的发展，大体上是从任意法到强行法、从私法到公法的发展路径，从中不难发现它们之间的联系和区别。

3. 经济法与行政法的关系

经济法与行政法的关系，也曾引起过人们的广泛关注。从区别的角度来看，两者的不同主要有：第一，调整对象不同。行政法调整行政关系，即在行政主体行使行政职能和接受监督的过程中发生的各种关系，主要是行政管理关系；经济法主要调整特定的经济关系，即宏观调控关系和市场规制关系，它们是在国家行使经济和社会职能过程中发生的社会关系。第二，宗旨、手段不同。行政法主要解决行政领域的问题，特别是政府失灵的问题，因而要规范和控制行政权，确保依法行政，保护人权；经济法则主要解决经济运行中存在的问题，特别是市场失灵的问题，因而要运用间接的调制手段，协调矛盾。

经济法与行政法之间的密切联系是较为显见的，因为经济法的执法主体，甚至某些情况下的立法主体，在形式上主要是行政机关；同时，经济法和行政法所调整的社会关系，又都主要侧重于所谓"纵向关系"，由此就产生了行政法是否包含经济法，或者两者是否存在同一性的疑问。由于行政法的研究相对较早，国内外的相关法制实践也有了一定的规模，因而自然有人会认为经济法不过是行政法的一部分，并有人提出了经济法就是经济行政法的观点。这种观点只是看到了经济法与行政法的密切联系，但没有看到它们的上述重要区别。

其实，行政机关作为执行机关，要执行多种类型的法，行政法只是其中的一种。因此，并非行政机关执行的法就都是行政法。随着国家经济、社会职能的日渐重要，经济法、社会法也需要由行政机关作为主要的执行主体，因此，并不能说行政机关执行的经济法、社会法等也都是行政法。

第三节 经济法的宗旨和原则

一、经济法的宗旨

（一）经济法宗旨的基本界定

1. 经济法宗旨的内涵与界定标准

法的宗旨通常是指某一领域或部门的法的目的或意图。经济法的宗旨，是指经济法调整一定范围的社会关系所要实现的目标，它集中体现了经济法的本质。

经济法的宗旨作为经济法调整所要实现的目标，是市场经济主体必须认真遵循的，它贯穿于经济法的原则和具体规则体系中。市场经济运行的特征，决定了经济法规范的广泛性、多样性与复杂性，但是纷繁的经济法规范所体现的基本精神应当是统一的。经济法规范较之其他法律规范更富于变动性，但多变的经济法规范所要实现的目标是稳定的。因此，经济法的宗旨起着维系和保障经济法制的统一、协调与稳定的作用。

在经济运行过程中，经济法主体的行为千差万别，但这些行为都不能违背经济法的宗旨。只有把握了经济法的宗旨，才能认识经济法的本质，准确理解并执行经济法规范，规范经济法主体的行为活动。那些与经济法宗旨相抵触的经济法条文应当被修改或者被撤销，与经济法宗旨相违背的经济法主体的行为必须被纠正或者受到制裁。

经济法的宗旨是学者们根据本国经济法制实践做出的学理上的概括，是理论工作者对客观现实的主观反映。各国法制发展的现实和经济法制的实际，必然会使学者们的认识存在客观上的差异。而在主观上，学者们在概括经济法宗旨时所依据的理论或思维方式上的差异，也会对经济法宗旨的理论提炼产生影响。具体到我国的现实情况来看，由于我国的经济法制度尚处于成长时期，经济法规则中所体现出的统一性和普遍性尚不明显，社会主义市场经济体制的外在表现尚处于一定程度的变动过程中，这些情形均会导致对经济法宗旨界定的困难和标准的不统一。尽管影响经济法宗旨提炼的因素众多，但在正确的理论指导下，运用正确的方法，归纳出科学的、具有指导意义的经济法宗旨是完全有可能的。

科学的经济法宗旨应符合以下要求：其一，它必须具有经济法的部门属性，即它必须是经济法所特有的而非所有部门法所共有的宗旨，也更不可以是其他法律部门的特有宗旨。其二，它必须具有适用上的周延性，即它必须适用于经济法制度的各个环节和所有领域，并贯穿国家调制经济关系的全程，而不能仅仅是适用于国家调制的某个环节或某个领域。其三，它必须具有概念体系上的妥当性，即经济法宗旨的概念在体系上低于整体法的宗旨，高于经济法子部门法的宗旨。它虽然与国家整体的法律宗旨有密切联系，但显然不是国家法律的整体宗旨；它虽然可以包容经济法子系统的个别宗旨，但不能替代这些具体宗旨。其四，它必须具有界定方式的简练性和科学性，不应过多和过于分散，更不能在宗旨界定上发生概念间的混同或交叉。只有如此，在经济法宗旨指导下制定的经济法制度才能全面而广泛地保护需要其保护的社会经济关系。

2. 正确认识经济法宗旨的意义

（1）理论意义

正确认识经济法的宗旨，有助于进一步认识和理解经济法的若干基础理论问题，包括但不限于经济法的调整对象、特征、地位、原则、本质、作用等，有助于经济法理论中许多基本问题的研究和解决。

除此之外，经济法的宗旨对经济法体系的确立也具有重要作用。为了保障经济法体系的和谐统一，构成经济法的各部门法规范应在总体上体现经济法的宗旨。经济法的基本宗旨具有维系、保障经济法制的统一、协调与稳定的作用，明确经济法宗旨，可以保障整个经济法体系成为一个有机联系的统一整体，避免各个法律部门、各部单行法律、法规的矛盾与冲突，避免各法律部门简单拼凑和杂乱无章等现象，可以使各项立法及各项制度的建设更有现实的针对性、目标的明确性，从而更好地适应现实生活，解决现实问题。因此，经济法宗旨是经济领域的各类法律、法规的首要的和核心的内容，其他任何具体制度均不得与之相违背。

（2）对经济法制建设的意义

经济法的宗旨对于静态和动态意义上的经济法制建设均具有重要意义。其一，在立法方面，经济法的宗旨是经济法立法的法理依据和思想指南，而对于其外在表现形式的立法宗旨，经济法的各种法律、法规的任何条款均不得与之相违背。只有如此，才能实现形式正义和实质正义的完整统一。其二，在执法和司法方面，经济法的宗旨应当成为执法者和司法者的法律意识中不可或缺的一部分，以便在法律没有明文规定时，或者在适用具体的法律规定有悖于经济法的宗旨时，执法机关和司法机关可以根据经济法宗旨的基本精神采取限制、禁止措施或者进行审判，防止和杜绝危害社会公共利益的行为。其三，在守法方面，经济法的宗旨可以使人们更好地理解经济法的精髓，从而正确判断自身行为是否合法。

（3）经济法宗旨与其他相近概念之间的关系

经济法的价值、宗旨、基本原则，是密切关联的概念，对其内涵和相互关系的有效认知，有助于对经济法存在的意义、基本体系构成、功能作用、适用范围、组成部分等内容的把握和理解。

经济法的价值是经济法在调整社会经济关系时所追求的理想目标，是对经济法宗旨的高度概括。经济法的价值解决的是经济法宗旨、基本原则、体系构成、制度建设的方向问题，着重强调经济法所具有的能满足人的某种需要的功用或属性，含有较多的客观色彩；而经济法宗旨强调的是人的主观目的与意图，带有较多的主观色彩。根据马克思"客观存在决定主观意识"的基本原理，经济法的价值决定经济法的宗旨，经济法的宗旨体现经济法的价值。即经济法是人们为了一定的目的而制定的，经济法必然有助于实现人们的这种目的，否则这种经济法就不是人们所希望的经济法，也就没有存在的价值。

与经济法宗旨、经济法价值存在密切关联的，还有经济法基本原则。一般认为，经济法基本原则是对经济立法、经济执法、经济司法和经济守法具有指导意义和适用价值的准则。经济法的基本原则是落实经济法宗旨和实现经济法价值所必须遵循的基本准则。

综上所述，经济法价值决定经济法宗旨，经济法宗旨又直接决定了经济法的基本原则及其在若干具体规则中的现实展开，而一系列规则内容的落实程度则要体现经济法理念。

（二）经济法宗旨中的重要目标

经济法的宗旨包含了几个重要目标，主要是稳定增长的目标、保障社会公益和基本人权的目标以及经济法宗旨中的最高目标。

1. 稳定增长的目标

稳定增长的目标涉及经济法的双重目标，即经济目标和社会目标，但首先是经济目标，同时，又与社会目标密切相关。稳定增长目标强调经济要在稳定中增长，要在有序的状态下增长，因此，在宏观经济领域必须强调稳定物价、充分就业、国际收支平衡等宏观经济目标的实现；在微观层面则要规范市场经济秩序，维护公平竞争和正当竞争。此外，物价问题、就业问题、市场秩序问题，不仅是经济问题，也是社会问题，因此，这些问题的解决，本身也是在解决社会问题，这也是经济性与社会性密切相关的重要体现。

2. 保障基本人权的目标

经济法涉及对相关主体权利与权力、社会财富与主体利益等多方面的分配。其中，国家财政权与国民财产权的分配非常重要，它直接关系到相关的人权保护问题。从总体上说，一国的法律应当能够从不同角度来保障基本人权，因而保障人权的目标并非经济法所独有。但由于经济法调整所要解决的问题，直接关系到个体和整体两个方面，因而对于保护人权具有特别重要的价值。

保障人权的目标在经济法的各个部门法上都有体现。例如，财政法通过转移支付制度等来保障人权；税法通过税收优惠制度、基本生活资料不课税制度等来保障人权；消费者权益保护法以及各类竞争法通过对经营者义务的规定来保障基本人权，等等。这些都说明保障人权目标的普遍性。事实上，经济法作为涉及国民基本财产权利的公法，与人权保护联系非常密切，并且保障人权的目标在经济法的各个部门法上也都有体现。

3. 保障社会公益的目标

保障社会公益是经济法的重要目标。在把各类利益划分为私人利益、国家利益和社会公共利益的情况下，虽然传统部门法也会涉及社会公共利益的保护，但这并非其主要功能，因此新兴的现代法必须承担起这一重要的任务，而经济法无疑是保障社会公共利益的重要部门法。事实上，经济法不仅要保护私人利益和国家利益，也要对社会公益予以更多的保护。这也是经济法的调整力图解决个体营利性和社会公益性的矛盾，兼顾效率与公平的体现。

此外，在对各类利益做出个体利益与整体利益、私人利益与公共利益的二元划分的情况下，对于个体利益与整体利益的保护，在法律上的考虑可能不同，从宏观上说，虽然对于各类利益，各类法律都要从不同角度和程度上予以保护，但毕竟要有一个相对的分工和定位，其中，对于私人欲望、私人物品、私人利益，必须注意私法的保护；而对于公共欲望、公共物品、公共利益，则必须注意公法的保护，这是由公共利益本身的特点所决定的。

基于对利益的二元划分，公共利益包括了国家利益和社会公益。在国家强势法制的现实之下，尽管国家利益有时也会受到一些损害，但国家会尽力去保护。社会公益比较复杂，而且作为一种共有的利益，也存在着不同的层次，属于第三部门的社团能否有效地保护这些社会公益，尚可存疑。事实上，第三部门在保护社会公益方面确实能够起到一定的积极作用，如消费者协会对消费者权益的保护、工会对职工权益的保护、商会对企业利益的保护、纳税人组织对纳税人权益的保护等，都可能使不同阶层、不同人群的社会公益得到一定程度的保护，但由于种种原因，如果脱离国家的话，这些组织的保护还是非常有限的。因此，不应当排除国家通过经济法的法制建设来进行社会公益的保护。

从两类利益来看，法制建设既要防止公权力对私人利益的违法侵害，也要防止公共利益保护上的"集体冷漠"或"搭便车"问题。对于国家利益和社会公共利益，仍应强调国家的有效保护，这本来就是国家的责任。在经济法的立法宗旨中，明确保护社会公益，对于传统公法与私法都可能保护不足的社会公益予以特别规定，会更有助于社会公益的保护。在经济法上对公共利益的强调，并不是对私人利益和国家利益的漠视，而恰恰是关注对各类利益的均衡保护。

4. 良性运行和协调发展目标

经济法调整的最高目标是促进经济与社会的良性运行和协调发展，这是在经济法有效解决个体营利性和社会公益性的矛盾，兼顾效率与公平的基础上，所形成的一种更高的秩序。它不仅要求经济的良性运行和协调发展，也不仅要求社会的良性运行和协调发展，还要求经济与社会都要良性运行并协调发展。如果一个国家能够通过经济法的有效调整，实现经济的稳定增长，保障社会公益和基本人权，就有可能实现整个经济与社会的良性运行和协调发展，这是一种非常高层次的秩序。事实上，立法者的价值追求就是力图通过经济法的调整，来减少社会的交易成本和无序状态，以增进社会的效率、公平和秩序。

在现实中普遍存在的单纯重视经济增长而不重视经济发展的问题，单纯重视经济发展而不重视社会发展的问题，单纯重视经济或社会的发展而不重视两者的良性运行和协调发展的问题，已经造成了很大的社会成本，其损失是不可估量的。这些问题当然需要各类法律的共同调整来解决。但不管怎样，经济法在保障社会公益方面无疑要发挥重要作用。

二、经济法的原则

（一）基本原则的确立标准

要确立经济法的基本原则，必须先明确基本原则应符合的标准。因为没有一定的标准或要求，基本原则的确立就可能比较混乱和随意，就会失去其应有的基础性、本原性和准则性，从而会失去其应有的指导力和准据力。由于确立标准事关基本原则的合理性和合法性，因而已有若干著述予以研讨，且已形成一定的共识，主要有以下三个方面：

首先，经济法基本原则既然是"法律原则"，就应当有自己的"高度"。从定位上说，它同样应是法律规则和价值观念的汇合点，或者说是衍生其他规则的规则，这样的定位表明：经济法的基本原则既要体现经济法的宗旨，又要高于（或称统领）经济法的具体规则，并且，各类具体规则作为其衍生物，不应与经济法的基本原则相抵触。因此，依据适当的"高度"来定位，应当是确立经济法基本原则的一个标准。

其次，经济法的基本原则既然是"基本原则"，就应当具有基础性的地位，能够贯穿经济法各项制度的始终，在立法、执法等法制建设的各个环节中得到普遍遵行。因此，仅在经济法的某些部门法中适用的、不具有普遍意义的原则，如货币发行原则、税收公平原则、复式预算原则等，就不能作为整个经济法的基本原则。这种对普遍性或普适性的要求，也应当是确立基本原则的一个标准。

最后，经济法的基本原则既然是"经济法"的基本原则，就应当是经济法所特有的，而不应是各类部门法所通用的一般法律原则，即要体现经济法的特色和特殊需要（但这并不意味着这些原则就一定与其他原则毫无共通之处）。据此，凡是与经济法无关的原则，或者非经济法的乃至非法律的原则，如自由放任、等价有偿、罪刑法定、保障稳定等其他领域的、不同层面的原则，无论是纯粹的经济原则、社会原则还是其他部门法上的原则，都不应列入经济法的基本原则之中。因此，强调"经济法特色"，也应是确立经济法基本原则的一个标准。

上述三个方面，实际上提出了确立经济法基本原则的三个基本标准，即"高度标准""普遍标准"和"特色标准"。高度标准强调经济法基本原则的定位必须有其应有的"高度"，从而既可避免把经济法的宗旨或价值理念等同于基本原则，也可防止把具体规则高估为基本原则；普遍标准强调经济法基本原则的"普适性"，以免把具体的部门法原则上升为普遍适用的基本原则；特色标准强调经济法本身的"特色"，以免把相关的经济原则、社会原则、其他部门法的原则或整个法律共有的原则等同于经济法的基本原则。

（二）基本原则的简要解析

1. 调制法定原则

依据调制法定原则，调制的实体内容和程序规范都要由法律来加以规定，只是在法律明确授权的特殊情况下，才能由行政法规来加以规定。这一原则在形式上是"议会保留"或"法律保留"原则的体现，是议会与政府在调制权分配上的一种均衡，但在实质上，其主要目标则是力图保障调制的合理性与合法性，保障市场主体或第三部门的财产权等重要权利，保障法律的实效。作为一项基本原则，调制法定原则可以覆盖整个宏观调控法和市场规制法领域。

在宏观调控法领域，调制法定原则尤其要求"调控权法定"。因为法律通过调控权的界定，就可以明确调控主体、调控手段、调控力度等一系列问题。为此，在宏观调控法领域应当确立预算法定原则、税收法定原则、国债法定原则、货币法定原则、计划法定原则等。由于宏观调控领域所涉及的事项，都与国计民生直接相关，因而国家权力机关在总体上行使专属立法权是很必要的。

例如，国家计划和中央预算，都由国家立法机关来审批决定，这本身就是在贯彻"议会保留"原则，是"法定原则"的具体体现；又如，一国货币的法律地位、基本的金融制度等，都应由法律加以规定，这也是法定原则的体现；至于"税收法定"，则在学界和实务界已达成共识。

在市场规制法领域，调制法定原则主要体现为规制权、竞争权、消费者权的"法定"。如同调控权一样，对于规制权的内容、形式、行使主体等也需要做出明确界定，这对于有效规制是很重要的。此外，从不同主体的权利保护来看，对竞争权中的垄断权与正当竞争权以及与竞争权相对应的消费者权的规定，都需要坚持"法定原则"。例如，在反垄断法方面，对构成垄断的标准要在法律上做出界定，以明确哪些垄断为法律所不容，哪些主体可以享有垄断权；在反不正当竞争方面，有关不正当竞争行为的类型、执法机构等，也都需要"法定"。总之，"法定原则"可以贯穿于整个经济法制度，并成为一项基本原则。同时，"法定原则"在一定意义上也促进了经济法的专门立法的发展。

2. 调制适度原则

调制适度原则的基本要求是，调制行为必须符合规律，符合客观实际，要兼顾调控和规制的需要与可能，保障各类主体的基本权利。调制适度原则体现了经济法的经济性和规制性的特征，它与调制法定原则密切相关，包括调控适度和规制适度两个方面。

调控适度，要求调控权的行使、调控手段的选择、调控性规范的周期变易等，都要适度。适度就是要"合规律"，就是要把对国民财产权的"合法侵害"降至最低，就是要充分考虑市场主体的对策行为，等等。调制适度强调，无论对于鼓励促进抑或限制禁止，都要"适中"，不过分，尽量"止于至善"或力争"最优"；而其中的"度"，则需要通过"法定"来体现，它与人类或立法者的认识水平直接相关。

规制适度，更强调对市场主体的权利保护以及各类主体之间的利益平衡。例如，对于垄断的规制，涉及大企业与中小企业的利益平衡；对于不正当竞争行为的规制，既涉及正当竞争者权利的有效保护，也涉及经营者与消费者之间利益的均衡保护。这些方面，都要求在总体上进行适度规制，否则可能会影响经济发展和社会总体福利。

要实现调制适度，就必须注意总体上的平衡。衡量调制是否适度，要看是否有利于实现平衡，包括经济指标的平衡、社会分配的公平；特别是法律对各类主体法益保护的均衡，等等。要实现平衡或均衡，就要注意协调，尤其是各类调制手段之间的协调，或相关调制制度之间的协调。因此，适度是与平衡协调直接相关的。这样的调制，才能更好地实现经济法的宗旨。

此外，调制适度原则也可与诚实信用原则、情势变更原则相兼容。在调制中强调诚信，实际上是更为重视实质正义，这也是调制适度原则的应有之义；同时，强调情势变更、"因时而化"或"与时俱进"，正是调控应有的精神。因此，统一适用于公法和私法的诚实信用原则和情势变更原则，同样也可以渗透于经济法的基本原则之中。

3. 调制绩效原则

兼顾效率与公平，是经济法调整的重要目标，因而追求调制的效果或称绩效，追求总量的平衡和社会总福利的增长，在经济法领域会成为一种普遍的价值和原则。这与调制法定原则和调制适度原则的目标也是一致的。

经济法具有经济性的特征，解决经济运行过程中的各类问题，是其主要目标，因而当然要考虑经济效益。此外，由于经济法具有突出的政策性，许多经济问题同时也是社会问题，因而经济法的调整当然也要考虑社会政策、社会公益和社会效益。经济法对于经济效益和社会效益的追求，就是对调制绩效的追求，并且，这种追求要贯穿于经济法的宗旨、原则和各类具体规则之中，从而使调制绩效原则也可以成为一项基本原则。

在现实世界中，失衡和失调的问题普遍存在。要实现调制的绩效，同样离不开平衡协调。而平衡协调，无论是作为一种调制手段，还是作为一种调制目标，都需要有微观基础，包括个体意义上的经济法主体的经济活动，以及相关法律的基础性调整等。平衡协调，作为建立在微观基础之上的调制，更能体现出新兴的经济法的"高级法"特点。

总之，从形式上看，在上述三项基本原则中，调制法定原则更强调内容法定和程序法定，调制适度原则更强调符合规律和公平有效，调制绩效原则更强调调整目标和平衡协调，三大原则之间存在着极为密切的内在关联。其中，调制法定是调制适度和调制绩效的基础，能否适度，以及能否实现绩效目标，在很大程度上取决于"法定"的状态，取决于法治的程度；调制适度在一定意义上是对"调制法定"的展开，它在执法层面更有意义，是调制绩效得以实现的手段；而无论是调制法定，还是调制适度，都是为了实现调制绩效的总体目标，或者说是为了实现经济法的宗旨和价值。

进而言之，从法律意义上说，调制法定原则，体现了依法规范调制行为的必要性，它力图给调制行为设定法制轨道和法制边界；调制适度原则，体现了对调制手段、措施、力度等方面的要求；而调制绩效原则，则要以上述两类原则的贯彻为前提，它是对经济法调整目标的原则体现。

第二章　经济法主体

经济法主体是在国家协调本国经济运行过程中，依法享受权利和承担义务的社会实体。在研究经济法的过程中，经济主体的研究是至关重要的，本章将主要对经济主体的概念、类型、差异性以及其行为、权利、义务、责任展开论述。

第一节　经济法主体的概念、类型及其差异性

一、经济法主体的概念

任何法律都要调整特定的社会关系，并形成相应的法律关系。在法律关系中，法律主体是其核心内容之一。

从根本上说，一切法律主体都是个体（如公民或自然人）或由个体构成的组织，某个个体或组织到底是哪个法律部门的主体，取决于它们实施了什么样的行为和缔结了怎样的社会关系，从而形成了何种法律关系。正像一个人一样，每个人的角色都是多重的，在家里可能是丈夫或父亲，在单位可能是处长或局长，在市场上可能是买主或卖主，很难说这个人就只能是某个或某几个法律部门的主体。比如，一个成年公民，如果他杀人，那么他就成了刑法的主体；如果他结婚，那么他就成了民法的主体；如果他开公司，那么他就成了商法的主体；如果他是公务员，那么他就成了行政法的主体；如果他从事了与宏观调控或市场规制相关的行为，那么他就成了经济法的主体。

所谓经济法主体，是依据经济法而享有权力和权利，并承担相应义务的组织和个体。某类主体是否属于经济法主体，应根据其是否参与经济法所调整的社会关系而定。由于经济法所调整的社会关系是宏观调控关系和市场规制关系，经济法调整这种社会关系的根本宗旨是维护宏观经济稳定和微观市场秩

序。为此，必须确立宏观调控主体和市场规制主体。所谓的法律主体无非是个人或组织，但由于履行宏观调控和市场规制职责的主体不可能是个人，也不可能是一般的组织，如企业、公司、非政府组织等，而只能是宏观调控机构和市场规制机构，两类机构可合称为"调制机构"。

明确经济法上的宏观调控主体和市场规制主体，有利于从根本上真正确立和规范国家干预。不明确什么样的国家机构可以作为经济法主体，就可能笼统地认可国家干预，似乎一切国家机构都可以作为经济法主体进行干预。大量的国家机构作为管理者或干预者存在，这是导致国家广泛干预的根本原因之一。界定经济法主体，就是要把国家以一种总体的身份、所有的组成机构、笼统的权力从事经济管理或干预活动，转变为国家以特定的身份、具体的代表机构、明确的权限从事经济管理或干预活动。把宏观调控机构和市场规制机构确立为经济法主体，意味着其他国家机构不应再作为经济法主体进行宏观调控和市场规制，这就大大地减少了管理者或干预者的存在，从而才能真正改变过去那种国家机构无处不在、国家干预无时不有的现象，使经营者摆脱国家的广泛干预而成为真正的市场主体。

二、经济法主体的类型

经济法主体主要包括两类：一类是从事宏观调控行为和市场规制行为的机构，即宏观调控机构和市场规制机构；另一类是接受调控和规制的主体，主要是各类市场主体等。接受调控和规制的主体，在经济法上可以以多种形式存在，如经营者、纳税人、商业银行、证券公司等。下面着重介绍宏观调控机构和市场规制机构。

（一）宏观调控机构

市场经济固有的盲目性、无序性，导致市场失灵。市场失灵引发经济波动和经济危机，给经济社会发展造成严重危害。但市场本身无法克服市场失灵，其必须诉诸国家宏观调控，宏观调控是市场经济的内在要求。国家为了履行宏观调控的职责，必须设立宏观调控机构。

宏观调控机构具有以下属性：

1. 宏观调控机构主要是国家机构

宏观调控涉及宏观全局，关系国计民生，影响国泰民安，非私人所能为，非私力所能及。它要求公权力介入、公权力干预，这就决定了经济法主体不是私人而主要是有关国家机构，具体是履行宏观调控职能的相关国家机构，如国家发展和改革委员会、财政部、中央银行等，它们都属于宏观调控机构。

2. 宏观调控机构应具有统一性

宏观调控的根本宗旨在于宏观着手，调控全局；统一市场，统配资源；通盘考虑，通力合作；调剂余缺，取长补短；协调发展，共同进步。如果地方封锁，条块分割；各自为政，一盘散沙；单打独斗，互相掣肘；分别规划，相互冲突；等等，那就没有宏观调控可言。统一性是宏观调控的基本要求，由此决定了宏观调控机构应具统一性：宏观调控机构应上下隶属，纵横统一，令行禁止，政令畅通。具体说来，中央宏观调控机构履行全国宏观调控职能，要搞好"顶层设计""全国一盘棋"，地方要服从中央，局部要服从整体。

3. 宏观调控机构应具有权威性

宏观调控是在全社会范围内配置资源、统一部署，促进国民经济整体协调有序可持续发展，这就犹如调兵遣将，指挥千军万马，必须要有权威，做到军令如山、令行禁止。宏观调控要求顾全大局、服从大局，有时甚至要牺牲局部利益保全大局。宏观调控也是一种利益调整，会导致利益的得丧变更，会发生重大利益冲突，这就需要权威机构去协调平衡。这就要求宏观调控机构应具权威性。具体说来，宏观调控机构的设立要有法律根据，要有法律授权，具有相当的权威性，有权有威，令人信服信从，才能做到令行禁止。当然，这种权威不应仅仅建立在强制命令的基础上，而应更多地建立在科学有效的根据上。如规（计）划机构的权威，就不是建立在它所作规（计）划的指令性上面，而是建立在它所作规（计）划的科学有效的预测性上面。只有宏观调控机构实施的宏观调控行为符合客观性、真实性、规律性和有效性的要求，宏观调控机构才能真正具有权威性。

4. 宏观调控机构应具有专业性

现代社会经济问题错综复杂，可谓"高精尖专"，专业性强，宏观调控更是如此。在现代知识经济时代，专业知识在经济发展中具有决定性意义。要有效地进行宏观调控，必须依靠科学理性，依靠专业知识，要求术业有专攻，要有精湛的专业水平。因此，应该通过公开考试、公平竞争、择优录用，把优秀的专业人才选拔到宏观调控机构中去，以便发挥其专业特长，真正把专业特长与领导权力结合起来。此外，宏观调控机构应具有权威性，而权威性应建立在专业性的基础之上，无知的外行只能是瞎指挥和乱干预，不可能有效地进行宏观调控，也无权威可言。宏观调控机构应当由专家和精英组成。如作为宏观调控重要机构的中央银行，我国有关法律法规明确规定，高级管理人员必须熟悉有关经济、金融法律法规，有丰富的金融专业经营和管理的专业知识，有很强的管理工作和业务工作能力。

5. 宏观调控机构应具有民主性

宏观调控是一项庞杂的社会工程，涉及社会经济的方方面面，需要非常全面而充分的知识和信息；宏观调控是大众共同的事业，关系国计民生，影响国泰民安，需要大众参与、群策群力，必须充分发扬民主，依靠民主，集思广益才可能完成；只有发扬民主，反对长官意志，克服片面和盲点，杜绝偏见和无知，宏观调控才能达到目的。如作为宏观调控重要措施的发展规（计）划，本质上是一种"民主计划"，因为它们要经过民主机构、民主决策程序制定，要得到民众的参与、支持和合作，要发挥民众的主动性、积极性和创造性，民主是发展规（计）划获得成功的重要保证。为此，规（计）划机构应该按照民主原则和规则进行规（计）划，应具有民主性。又如财政机构，它们所制定和实施的财政政策直接决定着财政分配或社会分配，必须追求和保证社会公平。这就要求财政民主，民主是财政的基本原则，财政民主是社会民主的基础和保障。而要保证财政民主，关键是财政机构要按照民主原则和规则进行财政决策，制定财政政策，这就决定了财政机构应具有民主性。其他宏观调控机构也应具有民主性。

6. 宏观调控机构应具有相对独立性

宏观调控机构应具有民主性，应尽可能吸纳一切可以吸纳的人，宏观调控机构的人员构成应具有广泛的代表性。如发展规（计）划是为了一个民族或国家而不是为了一个政府而制订的，这就决定了发展规（计）划委员会的结构，它要求公众参与发展规（计）划编制的每一个阶段。宏观调控是国家的经济职能，不能仅靠行政机关去完成。虽然有些宏观调控机构在形式上是行政机关，但这并不是说该宏观调控机构就是行政机关，因为该行政机关进行宏观调控行为要接受国家权力机构的审批和监督，本质上是代表权力机构进行宏观调控，执行的是权力机构的意志和法律，所以许多国家的发展规（计）划都必须由议会审批并接受议会的监督。我国的国民经济和社会发展规划（纲要）要经过全国人大的审查批准。实践也证明，为了避免和减少行政干预，宏观调控机构应具有相对独立性，要独立于行政机关，如许多国家的中央银行的高度独立即是如此。

（二）市场规制机构

市场规制机构应是市场经济公平、自由、竞争秩序的忠实卫士。市场规制法的实施，垄断的根除，不正当竞争的反对，弱者的扶持，消费者合法权益的保护，市场公平、自由、竞争秩序的维护，等等，都离不开市场规制机构。市场规制机构是市场经济的内在构成要素，要促进市场经济公平、自由、竞争有序地发展，就必须建立和健全市场规制机构。

市场规制机构具有以下属性：

1. 市场规制机构主要是国家机构

垄断（限制竞争）和不正当竞争会损害消费者的合法权益，垄断和不正当竞争几乎会遭到每个人的反对，每个人都可能成为反垄断者和反不正当竞争者。但垄断是一个强有力的组织，不正当竞争扰乱市场竞争秩序，因此，要真正反垄断和反不正当竞争主要不是靠个人，而要靠以国家公权力为后盾的国家专门机构，以强权对强权才能奏效。这里所说的市场规制机构主要是国家机构。具体包括反垄断机构、反不正当竞争机构和其他市场规制机构。

2. 市场规制机构不尽是行政机关

世界上绝大多数国家的反垄断机构不尽是行政机关，至少不是纯粹的行政机关。如美国的反托拉斯局虽然在组织关系上隶属于司法部，但该司法部与我国的司法部不同，它不是纯粹的行政机关，它还负责在普通法院提起民事诉讼或刑事诉讼，因此它又是一个检察机构。而美国的联邦贸易委员会则是一个独立于政府的机构，它的工作直接受国会的领导和监督。德国的联邦卡特尔局有权独立地对具体案件作出裁决，它具有准司法机构的性质；德国的垄断委员会的活动是独立的，它只受《反限制竞争法》的约束。日本的公正交易委员会尽管是一个行政委员会，但法律规定它的委员长和委员必须在取得两议院的同意后任命，而且公正交易委员会独立行使职权。英国的公平贸易总局尽管是一个行政机关，但其业务活动不受政府指示的约束。这些都是成功的经验，值得参考借鉴。目前，我国反垄断和反不正当竞争的执法机构是市场监管部门，该部门不仅享有执法权，还享有一定的准司法权，因而不同于其他纯粹的行政机关。如果市场规制机构是一个行政机关，那么它就无力限制政府滥用权力，也无法反对行政垄断。

三、经济法主体的差异性

不同法律部门的主体存在差异。有的法律部门强调法律主体一律平等，但有的法律部门则强调其法律主体的差异性，经济法就是如此。宏观调控机构和市场规制机构都是重要的经济法主体，这两类经济法主体存在一些共性，如都是国家机构，都享有公权力，都履行国家职能，等等。但它们之间也存在许多差异性。

（一）两者作用的领域不同

宏观调控机构侧重的是市场宏观领域，如发展规（计）划、财政政策、金融政策、产业政策，等等。而市场规制机构侧重的是市场微观领域，主要是具体的市场行为，如不正当竞争行为、垄断行为、侵害消费者合法权益的行为、扰乱市场秩序的行为，等等。侧重的领域不同，对应的宏观调控机构与市场规制机构亦有差异，前者更具综合性，而后者更具专职性，如我国的国家发展和改革委员会与国家市场监督管理总局之间的差异就是如此。

（二）两者针对的对象不同

宏观调控机构所针对的对象是整体经济运行，其机制是"国家调控市场、市场引导企业"，并不直接针对具体的经营者，否则，就不是宏观调控，而是微观管理，或者行政管理。而市场规制机构所规制的对象是实施具体市场行为的主体，如经营者等。这里需要特别指出的是，经营者并非仅是经济法的主体，它们也可以是民商法等法律部门的主体。只有当经营者的行为与发展规（计）划、财政政策、金融政策和产业政策等宏观调控政策法律相关，或者实施了不正当竞争行为、垄断行为、侵害消费者合法权益的行为等，从而构成宏观调控和市场规制的对象时，才成为经济法主体。

（三）两者的职责和手段（工具）不同

两者的职责不同，其履行职责的手段（工具）亦不同。宏观调控机构的职责是调控宏观市场秩序，主要是规（计）划科学、财政公平、金融稳定、产业合理等，其所采取的调控手段是发展规（计）划、财政政策、金融政策、产业政策等。而市场规制机构的职责是维护微观市场秩序，主要是维护正当的竞争秩序、自由的竞争秩序、公平的交易秩序、安全的市场秩序等，为此，市场规制机构所采取的规制手段是规制具体的市场行为，如规制不正当竞争行为、垄断行为、侵害消费者合法权益的行为等。

（四）两者内部具有差异性

无论是宏观调控机构还是市场规制机构，都不是单一的机构，而是多元的、一系列的机构。如宏观调控机构则包括规（计）划调控机构、财政调控机构、金融调控机构、产业调控机构等。而市场规制机构包括规制不正当竞争行为、限制竞争协议、滥用市场支配地位等的各级市场监督管理局等。各类机构调控或规制的对象不同，职责也不相同，机构组成也有所不同。

第二节 经济法主体的行为

一、经济法主体的行为类型

经济法主体的行为分为两类：一类是宏观调控机构和市场规制机构所实施的宏观调控行为和市场规制行为，可合称为"调制行为"；另一类是受到宏观调控和市场规制直接影响的经营者所从事的市场行为。由于宏观调控行为和市场规制行为具有主导地位，因而下面着重介绍这两类行为。

（一）宏观调控行为

理解宏观调控行为，需要注意以下几个方面：

1. 宏观调控行为以市场经济的存在为前提

在计划经济体制下，计划经济是一种按计划运行的经济，实质上是一种行政管理，而不是对市场的宏观调控。实践证明，只有在市场经济体制下，才能提出宏观调控的客观要求，才会有真正的宏观调控。充分发展的市场经济是宏观调控的真实基础，市场机制与宏观调控是相互依存、相得益彰的，市场经济越发达，宏观调控就越必需。市场经济内在地要求宏观调控，宏观调控立足于市场经济，如果没有市场经济，宏观调控就没有了对象和基础，也没有了立足的根基。宏观调控是对市场失灵的调控，市场失灵的地方往往就是宏观调控的领域，如果没有市场经济就谈不上市场失灵，因而也就不知道宏观调控的范围，不知道在哪里进行宏观调控。市场经济所创造的各种组织工具（如公司制度）、技术手段（如会计制度）和市场体系（如商品市场和资本市场）等为宏观调控提供了有效的传导渠道和中介机制，宏观调控只有结合市场机制、通过市场机制、利用市场机制才能有所成就，没有市场机制，宏观调控就失去了运作的机制和生效的中介。为了使市场经济更加健康有序协调地发展，宏观调控要尽可能减少对市场机制的干扰，让市场机制在资源配置中起决定性作用。没有市场经济，宏观调控就失去了服务的目标，成了一种为宏观调控而宏观调控的无谓之举，不服务于市场经济的宏观调控往往蜕变为粗暴、拙劣的行政干预。宏观调控必须也只能立足市场经济、通过市场机制、利用市场机制、服务市场经济，没有市场经济就没有真正的宏观调控；没有宏观调控，市场经济也难以持续发展。总之，宏观调控行为要以市场经济为前提。

2. 宏观调控行为需要发扬民主

宏观调控涉及国民经济全局，关系国计民生，影响国泰民安，是一项十分庞杂、极为繁复、相当艰难的事情，要很好地进行并完成宏观调控的使命，绝非仅凭某个人或某些人的聪明才智所能做到，而必须发动群众、大众参与、集思广益、群策群力、全民力行。宏观调控关系社会全局和公共利益，宏观调控不是个人事务或私人事务，不能一意孤行和独断专行，必须发扬民主、保障民主。宏观调控的目标在于促进经济民主，为人们自由自治创造有利的宏观秩序和社会环境。为此，激发、尊重和维持私人的主动性、积极性和创造性就非常重要，只有建立在这一基础之上的宏观调控才能有所作为并达到既定目标。实践证明，能否贯彻经济民主、保障经济民主，关系宏观调控的成败。经济民主是社会经济增长的根本前提，只有贯彻经济民主、保障经济民主，宏观调控才可能取得成功。否则，宏观调控必然失败，并抑制经济增长。只有贯彻经济民主、保障经济民主的宏观调控才是真正的宏观调控。

3. 宏观调控行为主要是法律调控行为

宏观调控措施多种多样，主要包括经济、行政和法律三种手段，其中应以法律手段为主。这是因为：第一，尽管人们经常把经济手段、行政手段和法律手段相提并论，但不可认为这三种手段是并列的、等量齐观的，因为经济手段和行政手段本身也要采用法律形式，要依法做出、依法进行，要实现法治化。在一个法治社会，经济手段和行政手段也要法治化，没有脱离法律和法治化的经济手段和行政手段，更没有与宪法和法律相违背的经济手段和行政手段。第二，只有建立在法律基础上的宏观调控才能像制定法律一样充分发扬民主，广泛进行论证，听取各方意见，集思广益，从而使宏观调控的政策和法律更能认识和体现客观经济规律的要求，更好地进行宏观调控。仅靠个人智慧、个人能力、个人专断从来不可能较好地进行宏观调控。第三，只有依据严格的法定权限和法定程序进行的宏观调控，才能从根本上杜绝盲目调控、任意调控，不依法定权限和法定程序的宏观调控，只能是滥加调控或瞎指挥，贻害无穷。第四，只有法律化的宏观调控，才是制度化的宏观调控，才能持续稳定，它不因领导人的改变而改变，不因领导人的看法和注意力的改变而改变，不会因人而异、朝令夕改，这样才能避免引起社会经济的动荡和混乱。第五，只有法律化的宏观调控，国家宏观调控的权力范围和宏观调控行为才能规范化、精确化，实现宏观调控的法治化。如果不能依法界定宏观调控的权利（力）义务，规范宏观调控的行为，明确宏观调控的责任，就不能将宏观调控纳入法治的轨道。只有规范好了宏观调控者，才能宏观调控好国民经济，那种自身行为都不规范的宏观调控者，是不大可能宏观调控好国民经济的。宏观调控从不依法进行到依法实施，是宏观调控体制的根本变革和重大进步，这才是真正的宏观调控，也才会有真正的法治经济。现代宏观调控应该以法律手段为主，必须实现宏观调控的法治化。

（二）市场规制行为

理解市场规制行为，应当注意以下方面：

1. 市场规制行为以市场特别是市场竞争为规制对象

市场竞争导致经营者利益的得丧变更。经营者是"经济人"、逐利者，并非人人尽为尧舜，一些人为了避免在市场竞争中招致损失或追求自身利益的极大化，难免实施不正当竞争行为，如假冒仿冒、商业贿赂、虚假宣传、侵犯商业秘密、非法倾销、强制搭售、不当有奖销售、商业诽谤、串通招投标，等等。这些行为不仅损害其他经营者的合法权益，也侵害消费者的合法权益，还会扰乱市场竞争秩序，损害社会公共利益，因而必须加以规制。另外，市场竞争，优胜劣汰，生产不断集中，最后形成垄断。垄断限制市场竞争，导致许多弊端。这正如列宁所说的："集中发展到一定阶段，可以说就自然而然地走到垄断"①。"这种从竞争到垄断的转变，不说是最新资本主义经济中最重要的现象，也是最重要的现象之一"②，是"现阶段资本主义发展的一般的和基本的规律"③，"如果必须给帝国主义下一个尽量简短的定义，那就应当说，帝国主义是资本主义的垄断阶段。"④ 与此同时，列宁也指出了垄断的弊端——"帝国主义最深厚的经济基础就是垄断"，"这种垄断还是同任何垄断一样，必然产生停滞和腐朽的趋向。……技术进步因而也是其他一切进步的动因，前进的动因，就在一定程度上消失了……在经济上也就有可能人为地阻碍技术进步"⑤。此外，"从自由竞争中生长起来的垄断并不消除自由竞争，而是凌驾于这种竞争之上，与之并存，因而产生许多特别尖锐、特别激烈的矛盾、摩擦和冲突"⑥。恩格斯（Engels）说："任何一个民族都不会容忍托拉斯领导的生产"⑦。因此，必须反对垄断，反对的根本方法就是市场规制。市场规制以市场竞争为中心，目的是通过规制不正当竞争行为和垄断行为，以维护市场正

---

① 韦建桦. 列宁专题文集：论资本主义 [M]. 北京：人民出版社，2009：108.
② 韦建桦. 列宁专题文集：论资本主义 [M]. 北京：人民出版社，2009：108.
③ 韦建桦. 列宁专题文集：论资本主义 [M]. 北京：人民出版社，2009：111.
④ 韦建桦. 列宁专题文集：论资本主义 [M]. 北京：人民出版社，2009：175.
⑤ 韦建桦. 列宁专题文集：论资本主义 [M]. 北京：人民出版社，2009：185.
⑥ 韦建桦. 列宁专题文集：论资本主义 [M]. 北京：人民出版社，2009：174.
⑦ [德] 马克思，[德] 恩格斯. 马克思恩格斯文集 第3卷 [M]. 中共中央马克思恩格斯列宁斯大林著作编译局，译. 北京：人民出版社，2009：558.

当、公平、自由的竞争秩序。

2. 市场规制行为是国家干预行为

自从市场万能的神话破灭以后，人们日益注意到国家在社会经济发展中的重要作用，认识到国家干预的必要性，其中重要的一点就是国家负有规制市场竞争的职责。市场竞争是经营者的切身利害之争，有时甚至是生死存亡之争，竞争激烈残酷，会导致弱肉强食、贫富悬殊、快速折旧、关系紧张等严重弊端，事体重大，必须有理有节地进行，也就是说竞争必须要有秩序，只有在有秩序的条件下才会有正当的竞争。这种秩序要由国家来缔造和维护，如需要国家制定和执行市场竞争规则，需要国家充当竞争裁判，需要国家反对和取缔不正当竞争和垄断行为，等等。实践证明，国家是建立市场竞争秩序的根本力量，没有国家的依法干预，就不会有竞争秩序。无论是反不正当竞争、反垄断，还是维护市场竞争秩序，保护消费者合法权益，等等，都不是市场自身所能完全解决的，也不是市场经营者所能自觉修正的，更不是消费者所能自力维护的，而必须由国家进行干预，对市场竞争进行规制。世界上凡是制定和实施反不正当竞争法和反垄断法的国家，都无一例外地建立了专门的市场规制机构，如美国的反托拉斯局和联邦贸易委员会，德国的卡特尔局和垄断委员会，我国的市场监督管理总局，等等。

3. 市场规制行为追求社会公共利益

任何行为都是有目的的，一切合法行为都有其法益，市场规制行为亦然。

市场竞争是经济发展、社会进步和人类文明的根本动力。市场竞争关系国计民生，影响国泰民安，涉及人类社会整体，这就决定了以市场竞争为对象的市场规制法或具体的竞争法具有至关重要的地位。

市场经济的本质属性和主要优势就是市场竞争，只有市场竞争才能促进人类社会经济步入繁荣之途。实践证明，繁荣来自竞争，没有竞争就没有繁荣，特别是可持续的繁荣。市场规制的根本宗旨就是维护市场竞争，进而促进社会公共利益。对市场竞争的破坏，损害的不是某个人或某些人的利益，不是局部的微观的利益。由于它损害了市场机制，扰乱了市场结构，破坏了市场秩序，因而损害的是社会公共利益。历史和现实已经表明，凡是没有竞争的地方，就没有进步，久而久之就会陷于呆滞状态，从而会严重损害社会公共利益。

市场中的人们利害攸关，相互制约，在利害总量特定的情况下，有人得就有人失，利己可能损人，不能保证人们在追逐自己私利的同时必然会促进社会公共利益，并且情况往往是，自己私利的扩大同时伴随着社会公共利益的缩小。不正当竞争行为和垄断行为就是如此。社会发展不是优胜劣汰，不能弱肉强食，而是优胜劣存，全面发展，共同进步，这就要兼济弱者，扶助弱小。市场规制反对不正当竞争行为和垄断行为，扶助弱小者，提高其地位，增强其能力，加强其竞争，促进其发展，维护社会公共利益，具有社会公共性。

二、经济法主体的行为属性

无论是宏观调控行为还是市场规制行为都是国家干预行为。这些行为不是私人行为，私人不可能从事和完成宏观调控行为和市场规制行为，宏观调控行为和市场规制行为是有关国家机构依据法定职权和法定程序所实施的行为。它们不同于市场机制的自发调节，如果市场调节有效的话，那就不需要宏观调控行为和市场规制行为了，恰恰是因为市场失灵，出现了许多扰乱市场秩序的行为，而市场本身又无法调节，才需要国家干预，其中就包括宏观调控行为和市场规制行为。

无论是宏观调控行为还是市场规制行为都是法定行为。它们不是私人个人行为，也不是私人组织行为，而是法定国家机构依据法定权限和法定程序为合法目的而实施的行为。宏观调控行为和市场规制行为均必须依法行使，无论是行为的依据、目的、内容还是程序和形式均应合法化、法治化，法定性、法治化是其重要特征。从法治的要求来说，宏观调控行为和市场规制行为都应当是合法行为。

无论是宏观调控行为还是市场规制行为都是公共行为、公职行为、公权行为，为公是它们的唯一宗旨。无论是调控宏观经济运行还是规制微观市场竞争行为，都旨在维护市场秩序，促进社会公共利益。

三、经济法主体的行为评价

（一）经济评价

经济法是调整经济关系之法，具体说是调整宏观调控关系和市场规制关系的一个法律部门。经济法要有效地调整其对象，就必须合乎经济规律、市场规律，无论是宏观调控行为还是市场规制行为都要立足市场经济、着眼市场经济、利用市场机制、经由市场机制和服务市场经济。宏观调控行为和市场规制行为要接受经济评价，如经由宏观调控和市场规制以后，市场秩序是否更加稳定、完善以及市场竞争是否更加公平自由了，这是评价宏观调控行为和市场规制行为的根本标准。如此，对它们的评价就是正面的；否则，对它们的评价就是负面的。负面评价说明宏观调控行为和市场规制行为存在问题，应依法及时做出调整和予以校正。

（二）政治评价

无论是宏观调控行为还是市场规制行为都是国家干预行为，是国家公权力的贯彻和实施，具有政治性质。宏观调控行为和市场规制行为是否得当具有重大的政治影响，因此，对它们的评价不能只算"经济账"，还必须"讲政治"，进行政治评价。如对它们是否符合政治目的、政治影响如何等方面进行评价。法律与政治密切相关，只有从政治上重视宏观调控行为和市场规制行为，才能从法律上加强宏观调控和市场规制法治建设。

（三）社会评价

社会是法律存在的基础，法律服务于社会，法律应接受社会评价。经济法亦然。无论是宏观调控行为还是市场规制行为都关系国计民生、影响国泰民安，涉及整个社会，是重大的社会行为，理应接受社会评价。如经由宏观调控和市场规制以后，社会秩序是否更加稳定了？社会竞争是否更加公平了？社会自由是否扩大了？社会福利是否提高了？等等，这些都是评价它们的重要标准。宏观调控行为和市场规制行为应趋前避后、扬长避短。

（四）法律评价

无论是宏观调控行为还是市场规制行为，是否合法是其最重要的评价标准。法律评价是规则评价，是用法律规则的标尺去衡量宏观调控行为和市场规制行为是否合法。相比较而言，法律评价更加规范、更好操作，也更为客观，所以经济评价、政治评价和社会评价都应归结为法律评价。事实上，之所以需要经济法，从根本上说就是为宏观调控行为和市场规制行为提供一套法律规则、行为模式，使其依法进行。依法进行宏观调控和市场规制，本身就接受了法律评价，而且是事先接受了法律评价。鉴于宏观调控和市场规制必须防患于未然，还不能事后评价，这就更需要法律评价，因为法律具有预见性和可控性，法治化的宏观调控和市场规制"万变不离其宗"。经济法不仅是宏观调控行为和市场规制行为的行为规则，而且是它们的评价标准，目的是实现宏观调控和市场规制的法治化。

第三节 经济法主体的权利和义务

一、调制主体的职权

（一）调制主体概述

调制主体在落实国家调制过程中行为的类型，可根据调制主体调制市场经济行为的过程分为宏观调控、市场规制和国家投资经营三种类型，它们分别对应国家调制经济的三种职权。宏观调控是指调制主体通过制定经济计划或规划、货币政策、财税政策等，影响或诱导经营者经营活动的行为，从而实现经济总量的基本平衡或经济结构的优化，引导国民经济持续、快速、健康发展，进而推动社会进步。市场规制是指调制主体通过制定规范直接干预经营者的经营活动，从而起到引导、监督和管理经营者的作用，以达到维护消费者利益、保证市场秩序等目的。而国家投资经营是指调制主体在"市场失灵"领域，通过提供公共服务、完善社会保障、进行自然垄断行业的经营等，以国有资本直接参与投资经营的形式弥补市场经营主体的缺位，从而实现对经济的调制目的。对于经济调制的上述三种职权类型，一个较为典型的比喻是，如果把市场经营活动想象成一场足球赛，那么宏观调控就是这场足球赛的安保员，负责整体秩序和公共安全；市场规制就是裁判员，负责对足球场上的运动员（经营者）的行为进行规范，当出现违规行为时要出示黄牌，乃至红牌罚下；有时候足球赛上的运动员数量不够，难以支撑起22人参赛的群体运动，这时候还需要足球赛的主办者临时补充几位运动员，这几位运动员就是国家投资经营。

因此，根据调制主体落实国家调制过程的类型化，调制主体的权力可以相应地分为宏观调控权、市场规制权和国家投资经营权。但是，相比宏观调控权和市场规制权，国家投资经营权在我国经济法学体系中并未得到普遍认同，通常认为，它并不是一类独立的国家调制职权，这主要基于如下原因：第一，与在国家调制经济过程中得到普遍性落实的宏观调控权和市场规制权相比，国家投资经营权并非普遍适于市场经济体制，而只是在市场作用缺位时出现，也正因为如此，根据市场机制发展阶段和程度的不同，国家投资经营权的深度和广度具有很强的差异性。比如，在欧美市场经济比较发达的国家，国家参与经济情形较少，国家投资经营权就是一个比较罕见的权力类型。第二，国家投资经营权通常依附于宏观调控权或市场规制权进行落实，进而形成"政企一体式"的国家调制结构，如烟草专卖体制等，此时的国家投资经营权并不是一类独立的国家调制职权。第三，国家投资经营是政府直接作为"运动员"参与生产经营的行为，它既是调制者，同时又是参与市场的经营者，这便产生了调制主体与调制受体的竞合。党的十九大强调，要完善各类国有资产管理体制，改革国有资本授权经营体制，加快国有经济布局优化、结构调整、战略性重组。基于上述要求，作为落实国家投资经营权的经营主体而存在的国家投资经营企业，应当被视为与一般经营者同等地位的主体而存在，即应当被视为调制受体而非调制主体，其权利义务体系也应当主要归入调制受体的权利义务体系当中进行研究，否则便会出现宏观调控主体或市场规制主体对这些具有国家投资经营身份的"运动员"予以优越地位的可能，有可能损害其他一般市场经营主体的合法权利，违背市场经济基本的平等性理念。

因此，经济法上的国家调制权体系，应当以宏观调控权和市场规制权的二元结构为主要类型。

（二）宏观调控权

宏观调控权是国家调制权的重要组成部分。通过国家规划、货币政策、财税政策等方式，宏观调控权的享有主体对经济运行和发展实行总体指导和调控，有助于实现经济发展、熨平经济周期、平衡总供给与总需求的关系、调节国家产业经济结构，主要包括规划调控权、货币政策调控权、财政税收调控权等内容。作为一项国家公权力，宏观调控权具有国家权力的一般特征，但除此之外还具有自身的独特性质，具体体现为：

第一，宏观调控权实施目标上的公共物品属性。对宏观调控权实施目标的界定，通常认为包括促进经济增长、增加就业、稳定物价和保持国际收支平衡四个方面。从实施目标的内容来看，宏观调控权的实施以强烈的公共物品属性为特征。即以国家干预经济的形式弥补市场机制的不足，实现熨平经济周期、平衡总供求、提供社会服务等公共服务性目标，而市场机制能够自发调整的私人物品的提供，则应当交由市场在资源配置中的决定性地位发挥作用。

第二，宏观调控权的间接性、诱导性和长期性。宏观调控权与行政法上的权力同属于国家公权力，但二者有明显区别。首先，它具有间接性，宏观调控权不存在明确的行政相对人，其以影响宏观经济变量为目的，并不会对微观的个人或企业直接产生具体的刚性效果。其次，它具有诱导性，宏观调控权以诱导性而非命令性的规范进行落实。最后，它具有长期性，宏观调控权不同于一般的行政权力，后者具有"立竿见影"的功效，而前者则具有明显的长期性。

第三，宏观调控权的弱可诉性。若宏观调控权决策和执行出现失误，宏观调控权具有有限的可诉性，即弱可诉性。宏观调控权的弱可诉性根源于宏观调控执行上的间接性、诱导性和长期性，间接性使得宏观调控权不具有明确的具体相对人，难以寻得具有诉讼利益的起诉权主体；诱导性使得宏观调控权即使对逆调控情势而行的经营者也不能实施处罚，使宏观调控权经常不具有起诉的价值；长期性使得宏观调控权在未达目标的情况下，难以确定调制主体是否存在过错，也难以确定谁是应当受到起诉的主体。尤其是对于国家调制主体的常见存在形式——相关国家部委，其主要责任人历经任期而换届时，宏观调控权的具体落实往往还未取得实效。

（三）市场规制权

与"规制"词义相近的词汇还有"管理""监管""管制"等，但其语源均为"regulation"。从汉语语法使用习惯来看，"监管"内含有对市场基础性地位的认可和尊重，强调在发挥市场机制前提下的管理；而"管制"中的政府行为扩张性更强，更容易引发对统制经济和计划经济的联想；"管理"则并非法学语境下的学术词汇，更易被归入管理学；而"规制"则较为中性，能够纳入不同特点和方式的"regulation"。因此，使用"规制"一词，既符合我国的语言习惯，又能确保词语使用的精确性。

市场规制权，是国家调制权的重要组成部分，是指国家市场规制主体依法享有的直接限制经营主体权利，或者增加经营主体义务的权力。在内容上，市场规制权通常包含三个层次：第一层次为对所有市场统一适用的规制，这主要是指对竞争行为的规制，如不正当竞争行为规制权、限制竞争行为规制权；第二层次为基于社会公益性目的所实施的规制权，即社会性规制权，如产品标准化规制、食品安全规制；第三层次为基于效益和倾斜性规制目的所实施的规制权，即经济性规制权，这通常表现为对特殊经济行业的规制，如银行业规制、电力行业规制、房地产行业规制；等等。

二、调制受体的权利

在国家调制经济过程中，尤其是在市场规制领域，调制受体主要包括消费者和经营者两种类型，因此调制受体的权利可以类型化为消费者权和经营者权。

（一）消费者权

一般认为，消费者是为了生活需要购买、使用商品或接受服务的自然人。

人类社会进入 20 世纪以后，在成熟市场经济国家兴起了一场浩大的消费者运动，由此引发了全世界的消费者权益保护的立法热潮。这是消费者与经营者这对重要的市场主体矛盾激化，从而引发消费者问题的必然结果。在此背景下，消费者权被从一般民事权利体系中抽离出来。较早对消费者权进行明确概括的是 20 世纪 60 年代的美国总统肯尼迪（Kennedy），他于 1962 年 3 月 15 日在国会发表的《关于保护消费者利益的总统特别咨文》中提出了消费者的安全权、知悉权、选择权和被尊重权四项基本权利。根据我国《消费者权益保护法》的规定，消费者的权利主要由如下内容构成：（1）保障安全权。即消费者在购买、使用商品和接受服务时享有人身、财产安全不受损害的权利；消费者有权要求经营者提供的商品和服务，符合保障人身、财产安全的要求。（2）知悉真情权。即消费者享有知悉其购买、使用的商品或者接受的服务的真实情况的权利；消费者有权根据商品或者服务的不同情况，要求经营者提供商品的价格、产地、生产者、用途、性能、规格、等级、主要成分、生产日期、有效期限、检验合格证明、使用方法说明书、售后服务，或者服务的内容、规格、费用等有关情况。（3）自主选择权。即消费者享有自主选择商品或者服务的权利；消费者有权自主选择提供商品或者服务的经营者，自主选择商品品种或者服务方式，自主决定购买或者不购买任何一种商品、接受或者不接受任何一项服务；消费者在自主选择商品或者服务时，有权进行比较、鉴别和挑选。（4）公平交易权。即消费者享有公平交易的权利；消费者在购买商品或者接受服务时，有权获得质量保障、价格合理、计量正确等公平交易条件，有权拒绝经营者的强制交易行为。（5）依法求偿权。即消费者因购买、使用商品或者接受服务受到人身、财产损害的，享有依法获得赔偿的权利。（6）依法结社权。即消费者享有依法成立维护自身合法权益的社会团体的权利。（7）求教获知权。即消费者享有获得有关消费和消费者权益保护方面的知识的权利。（8）受尊重权。即消费者在购买、使用商品和接受服务时，享有人格尊严、民族风俗习惯得到尊重的权利，享有个人信息依法得到保护的权利。（9）依法监督权。即消费者享有对商品和服务以及保护消费者权益工作进行监督的权利；消费者有权检举、控告侵害消费者权益的行为和国家机关及其工作人员在保护消费者权益工作中的违法失职行为，有权对保护消费者权益工作提出批评、建议。

由于我国《消费者权益保护法》所列举的消费者权利体系主要是相对于经营者而构建的，在整体的国家调制过程中，消费者还享有若干针对调制主体的未经立法所写明的权利，主要包括：（1）接受调制保护权。国家调制致力于对市场失灵的弥补，尤其是在市场规制权的行使中，更需立足于消费者的弱势地位实施若干保护措施。消费者享有接受国家调制所带来的权益，在调制主体不落实相关的国家调制义务时，消费者还可据此向其申诉乃至追究责任。（2）获取调制信息权。由于规定国家调制权的法律和政策数量巨大，且变动频繁，因而向消费者有效提供调制信息非常必要，这有助于为消费者提供必要的引导，从而使其在理性经济人逻辑下择取对己有利的行为。

（二）经营者权

经营者是相对消费者而言的另一调制受体，主要享有如下权利：

第一，相对消费者而言，经营者享有在保护消费者权利前提下的自由经营权。由于在现代市场交易过程中，消费者通常相较经营者处于信息和资本等方面的弱势地位，这一状况反映到《消费者权益保护法》当中即为对经营者和消费者权益的不均衡配置，消费者基本权利被明确列明，而经营者的权利却只字未提。尽管如此，经营者享有在尊重和保护消费者权利前提下的适度经营自由，也是不言自明的。很显然，这既是民商法上意思自治和合同自由原则在经济法领域的引申，也是保证经济活力和促进经济发展所必需的制度设计。

第二，相对于其他经营者的竞争关系而言，经营者享有公平竞争权。在国家调制权尤其是市场规制权运行过程中，除了需要面对经营者与消费者之间的市场经营关系，更需要面对来自两个或多个经营者之间的竞争关系。经营者针对其他经营者所享有的正当竞争和自由竞争的权利的总和，即为公平竞争权。它主要包含两项权能：其一为正当竞争权，即经营者享有免受其他经营者不正当竞争侵害的权利，在我国主要由《反不正当竞争法》规定；其二为自由竞争权，即经营者享有免受其他经营者限制竞争行为侵害的权利，在我国主要由《反垄断法》规定。另外，公平竞争权是局限于特定范畴的，当经营者超出法律规定范围从事恶性竞争或不正当竞争，就属于滥用公平竞争权的行为，有可能受到《反不正当竞争法》《反垄断法》或其他市场规制立法的处罚。

第三，相对调制主体而言，经营者享有不受非法调制权和获取调制信息权。在国家调制过程中，调制主体主要面对两类调制受体，即消费者和经营者，而前者主要居于受保护的地位，后者则根据其经营行为是否在符合经营者权的合法范畴内予以保护或处罚，如果经营者的经营行为侵犯了消费者的合法权益或其他经营者的公平竞争权，则应受到国家调制的非法性评价，否则，该经营者不应受到非法调制行为对其正当权利的干预，这便是不受非法调制权。另外，鉴于国家对经济调制的非体系化和碎片化，在落实国家调制权的法律和政策数量冗繁且变动频繁的情况下，亦有必要向经营者保证周延的调制信息供给，这就是经营者相对调制主体的获取调制信息权。

三、调制受体的义务

对调制受体来说，享有权利必然承担义务。但是在消费者和经营者的调制受体二元体系中，前者通常受到国家调制的倾斜性保护，当然，这并非意味着作为消费者的交易合同相对人在市场交易过程中只享有权利，不承担义务，但这种义务通常是民法学意义上的，而非具有弥补市场失灵色彩的经济法所规范的义务体系范围。在经济法视野下，调制受体的义务，主要是指经营者的义务，其义务构成依据其面对的经济法主体类型的不同而存在区别：针对消费者，经营者具有保护消费者权益的义务；针对其他经营者，经营者具有公平竞争的义务；针对调制主体，经营者具有依法接受调制的义务。

（一）保护消费者权益的义务

我国《消费者权益保护法》对经营者保护消费者权益的义务进行了明确，主要包括依法履行交易行为，接受消费者监督，保证消费者人身、财产安全，依法披露交易信息，出具交易凭据的义务，交易标的瑕疵担保义务，退货、更换、修理"三包"义务，保证消费者人格尊严和人身自由，保护消费者个人信息等方面的义务。

（二）公平竞争的义务

公平竞争既是权利，又是义务。在具有竞争关系的经营者之间，彼此在享有公平竞争权的同时，均对其他经营者负有公平竞争的义务。一方面，经营者具有保护其他经营者正当竞争权利的义务，即不实施《反不正当竞争法》等市场规制法所规定的不正当竞争行为，主要包括不实施商业混淆行为、商业贿赂行为、虚假宣传行为、侵犯商业秘密行为、不正当有奖销售行为，等等；另一方面，经营者具有保护其他经营者自由竞争权利的义务，即不实施《反垄断法》等市场规制法所规定的限制竞争行为，主要包括达成垄断协议、滥用市场支配地位和具有或可能具有排除、限制竞争效果的经营者集中行为。

（三）依法接受调制的义务

经营者相对国家调制主体还具有依法接受调制的义务，这既包括依法接受市场规制的义务，又包括依法接受宏观调控的义务。但二者具有明显的区别：依法接受市场规制的义务的强制性，明显高于依法接受宏观调控的义务，这主要是由市场规制权直接影响经营者经营自由的特点所造成的，而宏观调控权具有较强的单方性和诱导性，在一些情况下，即使经营者逆宏观调控情势而行，也并不必然承担法律责任。

另外，经营者具有依法接受调制的义务，也并不意味着其在国家调制经济过程中仅作为一个规则的接受者而存在。经营者在国家调制过程中有权获取与调制经济有关的政策与法规信息，并积极参与到调制规则制定过程当中，发表意见和进行监督。这有利于形成国家调制经济过程中的互动"谱系"，从而优化国家对经济的干预力量，保证市场决定性作用的实现。

第四节　经济法主体的责任

一、经济法主体的责任界定

（一）经济法责任的独立性

经济法责任是经济法基础理论的重要组成部分。按照传统的法律责任理论，法律责任体系可以分为民事责任、行政责任和刑事责任，至多再加上一个违宪责任，这便是法律责任的"三责任说"或"四责任说"。这种法律责任体系结构在传统社会是颇具说服力的。由于彼时的政府和私人之间关系明确，政治国家和市民社会层次分明，整个法律体系也不复杂，法律责任的"三责任说"或"四责任说"能对责任的具体形态进行周延的类型化。按照经典市民社会理论，市民社会划定了自身的范围，同时也划定了国家权力不得干预的空间。受这种观念影响，传统经济学中的"板块说"即认为，政府和市场是两个自足的板块，互相独立，在不同的领域分别起着资源配置的作用。在政治学上，这种市民社会观念表现为国家与社会的两分法，国家与社会之间进行界分并规定着各自的领域，强调社会具有独立于国家的地位。基于上述理论，产生了民事责任与行政责任的分野以及刑事责任作为最后手段而存在的法律责任体系，反映了自由主义时代的特定意识形态，对于保护公民权益和防止国家专权具有重要意义。但随着生产社会化的日益发展，市民社会和政治国家开始出现交叉与融合，市场失灵呼唤国家调制，此时的国家调制并不符合自由主义对行政权力危险扩张的全部假设，它在市民社会领域已经不再是一个纯粹异己的力量，适度的、尊重市场规律的国家调制对于维护社会公共利益具有正面的作用，这也是经济法能够作为一个独立的法律部门产生和发展的社会基础。因此，在当代社会经济背景下，经济法责任作为一个独立的新兴责任体系出现，对于打破传统的"三责任说"或"四责任说"，具有很强的现实必要性。

从法律责任产生的本源来看，特定的责任形式被划分为民事责任、行政责任或刑事责任，这本身即是一种主观建构的框架。划分法律责任类型的其实并不是承担责任的方法，而是法律主体承担责任时所依托的法律关系的部门法属性。比如，拘留作为一种责任形式，并非固定属于行政法或刑法，而是根据其所依附的法律关系的部门法属性被分别纳入行政责任或刑事责任。因此，在经济法制度中所规定的各种责任，都因为依托于经济法关系而属于经济法上的责任，不能因为它们在经济法产生之前更符合传统认识上的"民事责任"或"刑事责任"，而认为没有独立的经济法责任。

在经济法中，由于调整领域的复杂性而造成了责任形式的更加多样化，其他法律部门的法律责任形式均在经济法上有所体现。经济法责任是对传统法律责任形式的一种质变式的"整合"而非"组合"。不仅如此，经济法责任还在实务中开创出了三大传统法律部门均不具有的独创性责任形式，比如，《产品质量法》中的产品召回责任，正是基于风险预防的考虑，在真正产生产品责任之前即对经营者施加积极性的责任，这种新创的责任类型便难以被三大传统法律责任所纳入。

另外，承担经济法责任时的独特诉讼机制也能佐证经济法责任相较三大传统法律责任的独立性。即便至今仍未建立起经济法独立的诉讼体系，但经济法领域的民事赔偿责任追究机制，都通过相应的方式相对独立出来，主要表现为赋予了各调制主体准司法性的权力，从而能在一定程度上代行诉讼机制中的责任追究权；同时，与经济法领域有关的反垄断诉讼、消费者诉讼、纳税人诉讼等，在国际上都不同程度地表现出了单设或特设法庭予以处理的趋势。

（二）经济法责任的特殊性

传统法律责任理论主要依托于民事责任理论，在此体系下表现出如下四个方面的特征：第一，责任承担的过错性，即责任主体通常因为其过错程度而承担与之相适应的法律责任；第二，责任追究的消极性，即通常只在行为产生实际损害时才被追究法律责任，在行为只具有损害危险而并没有发生实质损害时，通常不被施加积极的法律责任；第三，责任主体的相对性，即只对受到损害的主体承担责任，这一责任可能因继承而发生移转，但通常并不会扩张至与损害无关的社会公众；第四，责任内容的补偿性，即恪守"填平"原则，依据受害人实际损失的多少而被施以与之相适应的责任内容，通常不允许受害人因为赔偿责任而获利。而经济法责任则在不同程度上对上述四个方面的特点有所突破，而表现出了新的特殊性。

1. 责任承担的非过错性

在经济法领域，基于对信息不对称和经济外部性等现实状况的关注，传统私法基于形式理性所建立的以过错为基准判定责任的逻辑在很大程度上被打破，无过错责任或过错推定责任不再是个别适用的情况，这在若干市场规制立法中体现得尤为明显。

2. 责任追究的积极性

传统法律责任遵循着"行为—损害结果—法律责任"的基本逻辑，在没有损害结果或行为与损害结果没有因果关系的情况下，无法律责任可言，甚至在判明了损害结果与因果关系的情况下，责任的承担通常还基于行为人存在过错这一重要前提。但是，现代社会是一个风险社会，潜在风险无处不在的逻辑启示着人们，由于经济社会发展的复杂化，因果关系经常难以推定，待损害结果发生后再行挽救则为时已晚。因此，立足于社会整体利益的经济法确立了适度的积极责任，即尽管损害结果尚未发生或处于不确定状态，仍然可以对相关的责任主体追究法律责任。这种积极的经济法责任具有如下特点：

其一，依主体地位而非行为为标准判断责任的产生。在风险社会背景下，社会现实风险的客观存在难以避免，依主体是否具有相应行为为标准判断过错存在与否，已不符合现实需求。在以主体地位判断责任的逻辑下，法律责任的承担更有可能是以何者最具有控制风险和减少损失的能力为标准，而不考虑其是否真正实施了造成损失的违法行为。

其二，依现实风险而非损害结果判断责任的内容。经济法责任的产生并不再立足于现实损害的发生，而是基于预防风险的要求，很可能在损害结果真正产生之前就被施加了需要积极履行的法律责任。

其三，依调制机关的积极执法而非司法机关的消极裁判为平台促导责任的实现。为了在损害真正产生前预防风险，恪守消极中立的司法机关便难以真正起到促导积极责任履行的目的，因此，在经济法领域，通常依照调制主体的积极执法而非司法机关的消极裁判为平台促导责任的实现。

概括而言，经济法责任超越了传统私法责任"行为—损害结果—法律责任"的基本逻辑，而遵循了有风险即有责任的"主体—风险—法律责任"的基本逻辑，是对传统法律责任观念和制度的超越与创新。

3. 责任主体的绝对性

传统法律责任从静态的社会关系出发，法律责任的承担对象通常只限于在法律上受违法行为损害的人。但是，当今社会的如下事实很大程度上颠覆了这种责任的相对性：首先，经济社会中的危害具有很强的传导性和连锁性。其次，在经济法领域，受害人与违法行为人的关系有时候很难再以传统私法或公法上的法律关系进行判断。最后，某些行为甚至不存在传统法律关系上的相对方。

如果以传统的责任相对性原理追究经济法责任，将无法符合现实社会的要求。在经济法上，为了保证社会公共利益的实现，责任的承担会呈现出一种对社会整体负责的绝对性。比如，经营者欺诈消费者利益的行为将不仅面临民法上的违约，而且会受到调制机关的处罚；侵吞企业国有资产的行为也不仅面临着国有资产监督管理机构的起诉，也有可能会面临以维护社会公共财产为目的的公益诉讼。这便展现出经济法责任绝对性所带来的法律实施的变革：追责方式不再局限于传统三大诉讼制度，而更辅之以调制主体的主动执法以及经济公益诉讼制度的革新。

4. 责任内容的惩罚性

经济法上的责任突破了承担民事责任的"填平"原则，突出表现在如下两点：首先，即使是在传统上被视为"民事"赔偿责任的领域，责任主体也通常被施加了高于补偿标准的法律责任，其目的在于奖励提起诉讼的通常处于弱势地位的受害人，并对违法行为人形成重要的威慑作用，其典型即为我国《消费者权益保护法》规定的经营者对消费者承担的惩罚性赔偿。其次，在对直接受害人承担赔偿责任后，责任主体通常还面临着来自调制机关的处罚，且这种处罚经常被课以较高数额。

二、经济法主体的责任类型

（一）调制主体的责任

1. 调制主体间接承担的责任

调制主体以行使宏观调控权与市场规制权为己任，实际上是权力、义务和责任高度统一的经济法主体。在调制主体怠于履行或不恰当履行调制职责时，极有可能面临上级调制机关或调制监督机关的处罚，这种责任更多地表现为对调制机关相关责任人员的警告、记过、撤职、降级、要求引咎辞职等形式，调制主体只是间接地承担责任。

2. 调制主体对调制受体承担的国家赔偿责任

在调制主体怠于履行或不合理履行调制职责时，还要对因此受到损害的调制受体承担必要的国家赔偿责任。需要注意的是，这种国家赔偿责任在内涵上具有独特性，体现在两个方面：首先，经济法学意义上的国家赔偿责任，基于调制主体因怠于履行或不恰当履行调制职责并对调制受体产生实际损害时产生，在原理上是公法上的"比例原则"和"信赖利益保护原则"在国家调制行为中的投射。经济法上的国家赔偿与我国《国家赔偿法》所规定的国家赔偿责任是不同范畴的两种责任，后者所规定的内容主要包括行政赔偿和刑事赔偿两个方面，而经济法上的国家赔偿目前尚缺乏详细的规定。其次，对经济法的国家赔偿责任要与国家对调制受体的"补偿"有所区分，后者是在调制主体正常履行调制职责仍然对调制受体的人身或财产安全造成损害的情况下，国家基于人道主义和公平正义的基本理念所给予一定的财产补偿，并非因为违法行为所造成。

（二）调制受体的责任

1. 经营者对消费者承担的责任

在经营者与消费者的市场交易行为中，经营者可能会因为不恰当履行义务和对消费者权益造成损害而承担法律责任。由于在这种法律关系中，经营者相对消费者具有明显的优势地位，为了回应这一现实存在的不对等性问题，在法律责任的设计上表现出了较强的非过错性、积极性和惩罚性，从而起到激励消费者维权和威慑违法行为的作用。在我国的《消费者权益保护法》中，这一系列责任被明文列举，除了一般意义上的民事赔偿责任以外，还包括下列内容：（1）若干积极的行为性责任，如退货、更换、修理"三包"责任、产品召回责任，等等，它们以经营者的经营行为具有现实风险而非实际损害为前提。（2）最体现经济法特色的惩罚性赔偿责任，即经营者提供商品或者服务有欺诈行为的，应当按照消费者的要求增加赔偿其受到的损失，增加赔偿的金额为消费者购买商品的价款或者接受服务的费用的 3 倍；增加赔偿的金额不足500 元的，为 500 元。法律另有规定的依照其规定。另外，经营者明知商品或者服务存在缺陷，仍然向消费者提供，造成消费者或者其他受害人死亡或者健康严重损害的，受害人有权要求经营者承担人身损害赔偿，并有权要求所受损失二倍以下的惩罚性赔偿。

2. 经营者对其他经营者承担的责任

经营者在与其他经营者的竞争法律关系中，会由于实施不正当竞争行为或限制竞争行为而造成对其他经营者公平竞争权的侵害，因而要对其他经营者承担责任。这种责任一般表现为民事赔偿责任，在我国的市场规制基本法《反垄断法》和《反不正当竞争法》中均有明确的规定。经营者若实施垄断行为给他人造成损失，依法承担民事责任。经营者违反《反不正当竞争法》规定给被侵害的经营者造成损害，应当承担损害赔偿责任。在《广告法》等其他市场规制法中也有相关规范。值得注意的是，由于竞争关系所涉法律主体均为经营者，相比经营者与消费者之间的关系，二者一般不会表现出鲜明的资产和能力的不对等性，因此，在经营者因侵犯公平竞争权而需对其他经营者承担的法律责任中，其惩罚性和积极性有明显减弱，而与一般的民事责任更为相似。但是，国外也不乏在竞争法中规定惩罚性赔偿责任的做法，其中最典型的便是美国反托拉斯法中著名的三倍赔偿责任。

3. 经营者对调制主体承担的责任

经营者作为调制受体，有义务依法接受调制主体做出的国家调制，在不履行这一责任时，即有可能对调制主体承担法律责任。该责任表面上看是对调制主体承担的，但由于经济法中的调制主体是以践行维护社会整体利益为目的，这一责任实际上是向全体社会承担的，因此，调制主体有必要将获取的赔偿用于该领域的经济法治建设，从而起到促进社会公共利益的目的。另外，在调制主体的国家调制权实施过程中，由于市场规制权比宏观调控权对经营者权利和义务更具有直接的强制性影响，因此，经营者在不遵从调制行为时产生的法律责任也更有可能发生在市场规制领域。

第三章　市场规制法律制度

市场规制法是经济法的重要组成部分，本章主要从市场规制法的理论基础入手，进一步对反不正当竞争法律制度、消费者权益保护法律制度以及产品质量法律制度加以分析。

第一节　市场规制法的理论基础

一、市场规制法的经济学支撑——产业组织理论

市场规制法的制度及其原理的经济学基础，主要是产业组织理论。产业组织理论在有的国家和地区称为"产业经济学"，不过二者的对象和范围并不完全一致。产业组织理论是一门以微观经济学和交易费用理论为基础、以市场经济体系中特定组织结构下的市场结构、市场行为、市场绩效为考察重点，以为政府规制提供政策建议为主要目标的一门交叉性应用经济学科。① 因此，学习和研究市场规制法的原理和制度，应当了解产业组织理论。

产业组织理论总体上经历了萌芽时期（以马歇尔的完全竞争理论为代表）、产生时期（以哈佛学派为代表）、发展时期（以芝加哥学派为代表）。产业组织理论在当代的最新发展则被称为新产业组织理论（以奥地利学派为代表）。各个时期有代表性的理论观点的区别，主要体现在研究方法和研究视角上，它们共同构成了当今产业组织理论的体系。其中，市场结构、市场行为和市场绩效的理论是其基本框架，微观经济学原理、交易费用理论和博弈论等行为科学是理论基础或研究方法。下面着重从市场结构、市场行为和市场绩效几个方面进行简要介绍。

---

① 牛晓帆. 产业组织理论及相关问题研究［M］. 北京：中国经济出版社，2004：5-6.

（一）市场结构

传统产业组织理论认为，市场结构是分析、判断经营者的市场行为的基础。在分析相关市场之前，首先得界定市场的边界——相关市场。相关市场，是指与要分析市场地位的经营者有竞争关系的产品和服务的市场范围，包括产品种类和地域上的相关市场。

影响相关市场的市场结构的因素，主要有：（1）市场的集中度。主要通过测算行业中在位经营者的数目与规模，包括其销售额、资本量、就业量、附加值及产量等。（2）进入相关市场的障碍。导致进入相关市场障碍的原因，虽然可能由多种因素引起，但通过分析还是可以测算在位经营者的市场地位。（3）产品的差异性。相关市场和市场结构都是以具有竞争关系的同质的或可替代的产品为划分依据的，因此，产品差异性越显著，生产者在市场中的地位越高。这样，根据上述三个方面测算出的数值，可以判断该市场结构的基本形态。

市场结构的基本形态可以分为完全竞争、垄断竞争、寡头垄断和垄断四种。完全竞争的市场是一种理想的市场结构。在完全竞争的市场结构中，同质的商品有很多卖者，没有一个卖者或买者能控制价格，进入市场很容易并且资源可以随时从一个使用者转向另一个使用者。在垄断竞争的市场结构中，有很多有差别产品的卖者，进入很容易，并且厂商之间没有勾结行为。这是当今最常见的市场结构。在寡头垄断（也称寡占）的市场结构中，只有少数卖者，商品可以是同质的也可以是有差别的，如石油、电信市场。在完全垄断（也称独占）的市场结构中，一种产品只有一个卖者，公用市场一般如此，如城市自来水、管道天然气市场。

弄清市场结构，对于反垄断法的理论和实践有重要意义。它有助于判断规制对象的行为是否构成滥用市场支配地位行为、联合限制竞争行为或经营者集中行为，进而影响市场规制主体的规制行为。市场结构理论，对于理解反不正当竞争法的理论和实践也具有重要意义。

（二）市场行为

市场行为，是经营者各种市场竞争行为的总称。不同内容的市场行为，对市场结构、市场绩效的影响不同。依市场行为的内容，可将市场行为分为价格行为、非价格行为和组织调整行为，这是市场行为的基本分类。价格行为包括价格歧视、价格固定、掠夺性定价等。非价格行为包括广告行为、产品差异、研究与开发。组织调整行为包括企业合并等。这三种分类，对于认识和判断垄断行为甚有裨益。比如，定价行为，又可分为经营者之间的定价行为和针对消费者的定价行为，这样就可以据此对滥用市场支配地位行为进行分类，深化对滥用市场支配地位行为的认识和规制。经营者的组织调整行为的基本分类，是规制经营者集中行为的基本依据。

不同的市场行为，产生市场影响的时间周期不一样，这样又可以将市场行为分为短期市场行为、中期市场行为和长期市场行为三种类型。短期市场行为如价格行为、广告行为等；中期市场行为主要指产品差异的设计；长期市场行为主要指研究与开发行为。此外，还可以依市场行为主体的主动性，分为被动行为和主动行为等等。这些分类同样有助于反垄断执行中判断是否具备市场支配地位，进而认定是否构成相应的垄断行为。

（三）市场绩效

市场绩效，是对市场结构和市场行为的市场效果评价。因此，市场绩效成为研究者政策建议的依据，也是决定反垄断规制措施的基础。市场绩效的评价，大多集中在资源利用效率、技术进步和分配公平等方面。

资源利用效率，是指生产要素的投入产出率。产出效率包括市场资源配置效率和企业内部效率。常提到的"X无效率"（X-inefficiency），就是指企业内部无效率，即企业开支超出实际所需成本的情形。研究表明，企业规模越大，市场支配地位越高，其内部效率可能越低，这种现象显然与规模效应是背道而驰的。这是因为，在缺乏外部压力的情况下，企业管理者努力程度下降，从而导致费用上升、效率降低。技术进步，主要考察不同的市场结构或市场行为在提高产品和服务的技术含量、降低生产成本和价格等方面的绩效。资源利用效率和技术进步，关注全社会总福利的增长。分配公平，则关注福利在社会集团、成员等不同主体之间的分配的公平、公正与否。

二、市场规制法的基本概念与地位

（一）市场规制法的基本概念

理解市场规制法的概念，首先得阐释"规制"和"市场规制"。规制，作动词，源于英语regulate，指根据规则、原则或法律所进行的控制和引导。译成汉语时，在社会科学方面的文献中，常译成"规制""管制""监管""调节"等。① 采用"规制"译法，能比较充分地吸纳其英语含义，同时较好地体现汉语表达中的语义、修辞和专业含义。

结合 regulate 及在其所组合成的英语多学科词组中的含义，可以对"市场规制法"中的"规制"做如下解析：（1）规，指规矩、规则，指法律、法规，是规制行为的依据和目标。（2）制，亦为治，指控制、调节、调校，也有制约、限制、治理之意，包括对逾矩行为的纠偏，也包括对可能出现逾矩的预防。（3）整体理解则是"依规而制、制以达规"。这样，规制的本义，就是依照规范对特定对象所进行的纠偏、调校和预防偏差的行为。市场规制，则是国家依法规范市场主体的市场竞争行为的行为。

既然市场规制法所调整的是市场规制关系，根据部门法定义的逻辑规则，市场规制法是调整在国家规制市场过程中所发生的社会关系的法律规范的总称。

（二）市场规制法的地位

1. 市场规制法在法的体系中的地位

市场规制法的地位，在整个法的体系中的地位，取决于其调整对象在法所调整的社会关系中的地位。市场规制法的调整对象，是在国家规制市场过程中发生的社会关系，即市场规制关系。市场规制关系和宏观调控关系，共同构成经济法所调整的经济调制关系。经济法所调整的经济调制关系，是法所调整的社会关系的一部分，并与民商法、行政法等部门法所调整的社会关系相并列，互不包含。这样，市场规制法在整个法的体系中的地位就清晰可辨了：在法的体系中，经济法与民商法、行政法并列，而市场规制法则是经济法的部门法。

2. 市场规制法的法域归属

公法、私法是法域的基本类型。既然市场规制法是调整在国家规制市场过程中发生的社会关系的法律规范的总称，那么，无论是根据公法、私法划分的哪一种标准，市场规制法都不会属于私法。

有的观点认为，不能排除市场规制法属于或者部分属于私法法域。其所持的理由是市场规制法所调整的社会关系包括市场主体与市场主体之间的关系。市场主体即经营者，是私主体，其相互关系是平等主体之间的关系。这种观点存在的问题是混同了市场主体在市场规制关系和合同关系中的不同角色定位。

在市场规制法中，市场主体作为规制受体而存在，是作为规制主体的国家

---

① 日本著名经济法学者金泽良雄在使用"规制"一词时，强调其这样的意义：一般所谓"规制"，在最狭义上，可以理解为是由于对一定行为规定了一定的秩序，而起到限制的作用。

的相对方，是国家规制行为的对象。市场主体作为合同主体而存在，且双方均为合同主体，双方同质、平等。也就是说，某经营者的自然身份是市场主体，但当他在市场规制关系中时则为规制受体，在合同关系中时则为合同主体。虽然在市场规制过程中会发生市场主体与市场主体之间的关系，但此时的市场主体之间的关系已经不是同质、平等主体间的合同关系，而是作为规制受体之间非同质、非平等的市场规制关系。

三、市场规制法的宗旨与原则

（一）市场规制法的宗旨

市场规制法的宗旨，是指市场规制法所欲实现的目标。基于市场规制法在法的体系中的地位，其宗旨一方面要秉承法（特别是经济法）的宗旨，另一方面又会秉承具有自身个性的宗旨。同时，市场规制法的宗旨，又是市场规制法调整对象在主客观关系上的延伸，是市场规制法规范的目的、功能的抽象体现。

提炼市场规制法的宗旨，有必要从以下四个角度思考：

一是从市场规制法的价值为宗旨提供的客观可能性角度的考察。提炼市场规制法的宗旨，有必要将市场规制法的价值和人类社会的主观欲求联结考察。这样，可以发现，相对于宗旨，相对于人类社会对市场规制法的主观欲求，市场规制法的价值更具客观性。人们希望市场规制法达成的目标，必须建立在市场规制法具备满足人们这些希望的有用性基础之上。比如，我们不能希望市场规制法能够直接实现国民经济总量平衡、结构优化和促进就业等宏观经济目的。市场规制法总体上具有公平价值、效率价值和秩序价值。其公平价值体现在对实质公平、结果公平的侧重；其效率价值体现在提高资源配置效率、促进技术进步和增进社会福利；其秩序价值体现在恢复被垄断行为和不正当竞争行为破坏了的秩序，维护和增强良好的市场运行秩序。

二是从人们对市场规制法的欲求角度考察。这种欲求往往在市场规制法产生前后能够最直观地体现出来。美国《谢尔曼反托拉斯法》和德国《反不正当竞争法》制定之前，美国和德国（以至当时整个欧洲）大多数市场主体对托拉斯现象和不正当竞争现象的反感、对完全竞争和正当竞争状态的留恋、对自身近期利益与长远利益均衡最大化的欲望、对国家规制市场等公共物品的热切期盼和相应的警惕，等等，正是其生动的体现。

三是从经济与社会互动角度考察。市场规制法经济方面的价值会扩展为社会价值，人们对市场规制法的欲求也会同时包括经济和社会两个方面。

四是从直接、初级和间接、高级角度表达。既然市场规制法的宗旨是其所欲实现的目标，而目标既有近期与远期之分，又有直接与间接、初级与高级之别，那么市场规制法的宗旨也可以作相应的分类，比如将其分为初级宗旨和终极宗旨。

从上述多个角度思考和提炼的市场规制法宗旨，可以分初级和终极两个层次作如下表达。

市场规制法初级宗旨主要是：通过规制垄断行为和不正当竞争行为，调整市场规制关系，恢复和维护公平竞争机制，提高市场配置资源的效率，保护经营者和消费者的权利和利益。

市场规制法的终极宗旨主要是：通过初级宗旨的达成，不断解决个体营利性和社会公益性的矛盾，克服市场失灵，保障社会公益和基本人权，促进经济的稳定增长，实现经济和社会的良性互动和协调发展。

(二) 市场规制法的原则

原则，是行为所依据的根本准则，是其他规则的来源或依据。法律原则应当是众多法律规则的基础，是具有本原性、综合性、稳定性的准则。市场规制法原则，是市场规制法制定和实施所应遵循的基本准则。市场规制法原则，应当统帅市场规制法的各规则、各环节，并与宏观调控法原则相区别。

提炼市场规制法的原则，首先要遵循法治国家依法而治的基本准则，与经济法的基本原则、市场规制法的价值和宗旨以及国内外市场规制实践相契合。基于这些要求，市场规制法的原则为规制法定原则、规制公平原则、规制绩效原则和规制适度原则。需要说明的是，本部分所称的原则，是市场规制法的基本原则。

1. 规制法定原则

市场规制是国家介入市场运行、规范市场主体竞争行为的行为。在法治国家，这类行为必须有法律的明确授权，同时还应当有法律明确的实体与程序的界定。

2. 规制公平原则

既然市场规制法具有人类社会所需要的公平价值，那么在制定、实施市场规制法规范时就应以实现公平、增进公平和彰显公平为基本准则，均衡实现形式公平与实质公平、机会公平与结果公平。

3. 规制绩效原则

不同的市场结构和市场行为产生不同的市场绩效，不同的规制行为所产生的市场绩效也不同。既然如此，规定规制主体、规制权力、规制行为方式和行为程序的市场规制法规范，在制定前进行制度设计时的预期、在制定后运行时的绩效都应当是最大化的。

追求并体现规制绩效的最大化，包括资源配置效率的最大化、技术进步速度和质量的最大化、社会福利提高的最大化等等。绩效的最大化应当不仅仅考察单个市场或单个市场的局部，而应当全面考察各有关因素。

4. 规制适度原则

凡事皆有度，过犹不及，适可而止。由于观察角度、参照点和理论依据不同，许多市场竞争行为常常同时存在着妨碍公平和体现公平、减损绩效和提高绩效、阻碍竞争和促进竞争等相互对立的属性。作为一物之二面，全面禁止或完全放任，都会给经济社会带来不利的影响，并反过来破坏市场规制制度本身。因此，需要既有禁止又有允许，既有一般规定又有适用除外"规制"。规制所适之度，在于：（1）适用市场规制法的"法度"；（2）追求经济和社会协调发展的"绩效之度"；（3）均衡达成形式与实质公平和机会与结果公平的"公平之度"。也就是说，市场规制法的制定和实施，均须在法定的范围内，以实现绩效的最大化和公平的均衡化作为制约规制手段的选择、节制规制权力运行的力度的基准。

第二节　反不正当竞争法律制度

一、不正当竞争行为的属性与危害

（一）不正当竞争行为的属性

1. 竞争性

不正当竞争行为是市场竞争行为，是为了争取更多的交易机会而为的行为。这样，可以将不正当竞争行为与不正当的其他行为区别开来。需要明确的是，不正当竞争行为之竞争，是市场竞争、经济竞争或商业竞争，而不是其他领域的竞争。

2. 反道德性

不正当竞争行为和正当竞争行为的区别在于是否符合道德特别是商业道德。虽然对商业道德的具体界定可能不完全一致，但诚实、守信、公平、等价、不侵犯他人和公共利益等，应是公认的商业道德。假冒仿冒、引人误解的虚假广告、商业贿赂等行为，显然违背了公认的商业道德，是反道德的竞争行为。该属性将不正当与正当区分开来。

3. 违法性

虽然公认的商业道德总体上能为人们所认知和认同，但常常失之模糊，且约束力不够强。为有效规范经营者的市场竞争行为，除商业道德的规范外，还需要将市场行为中常见的、违反为人们所公认的商业道德的行为用法律明确规定下来，并予以不同形式的制裁。这样，虽然不是所有的道德意义上的不正当竞争行为都违反法律，但法律意义上的不正当竞争行为当然是同时违反商业道德的市场竞争行为。于是，就将既违反道德又违反法律的不正当竞争行为与仅违反道德但不违反法律的不正当竞争行为区分开来。

基于上述认识，可以将不正当竞争行为定义如下：不正当竞争行为，是经营者有悖于商业道德且违反法律规定的市场竞争行为。需要注意的是，这一界定是对"不正当竞争行为"的狭义、严格的定义，也是本书所使用的定义。平时所阅读到的一些法律文件、文章，有时将垄断行为也作为不正当竞争行为，这是广义的理解。还有一些日常用语不是从法律角度，而是仅从道德角度理解和使用"不正当竞争"，这是更宽泛的理解。

（二）不正当竞争行为的危害

1. 损害市场机制，破坏市场秩序

市场经济体制的优势在于由市场配置资源。市场配置资源之所以有其优越性，就在于市场的价格信号是社会供求关系的晴雨表。正是在价格信号的作用下，社会资金、劳动、时间向最能满足社会需求的产品和服务领域倾斜。但是，价格信号也仅仅是在完全竞争的市场中才有可能实现这一功能。完全竞争的市场是罕见的、理想化的，独占、寡占特别是垄断竞争等不完全竞争的市场才是常见的，因此需要反垄断。另一方面，即使市场不存在任何垄断的结构和行为，如果不正当竞争行为普遍、严重，价格信号也不真实，也不能发挥其应有的功能。比如，在虚假陈述、商业贿赂、不当附奖赠促销盛行的情况下，价格会虚高，价格信号也不能正确地反映市场供求关系。当价格机制不能正常发挥作用时，市场机制也就会被扭曲。这样，就应当通过反不正当竞争，恢复公平竞争市场秩序。

2. 侵犯竞争者和消费者的权利

不正当竞争行为的直接受害主体是与之相关的经营者和消费者。以欺骗性标示行为为例，其中的仿冒行为直接侵犯被仿冒商业标记的权利人的知识产权和消费者的知情权；虚假陈述直接侵犯消费者的知情权。在存在欺骗性标示的情况下，消费者无法或者难以区别同一商业标记下同种商品和服务的真正经营者，增加了消费者识别的成本，在无法识别或者错误识别时还会造成直接经济损失。在消费者遭受经济损失后，其购买行为会更为谨慎，购买量会因此而下降，经产供销的产业链反馈到销售者、生产者后，将影响到整个产业链。这也是为什么欺骗性标示案件被曝光后，该种商品往往大量滞销、生产厂家门可罗雀的原因。其他不正当竞争行为，无一例外地侵犯其他经营者和（或）消费者的权利。

3. 危害信用和社会公德

不正当竞争是违背公认的商业道德的行为。不正当竞争行为大都表现为以次充好、以假充真、以邪侵正，是诚实、信用、公平、合理等人类公认道德的反动。不正当竞争行为的存在以至盛行，不仅会侵犯经营者、消费者的权利和利益，破坏市场机制和秩序，还会败坏社会信用机制，毒化社会空气，伤害社会的精神文明和制度文明。世界各国都通过法律途径规制违背公认商业道德的不正当竞争行为，也是为了维护人类社会赖以维系的基本信用和公共道德。

二、反不正当竞争法的界定及其性质

（一）反不正当竞争法的界定

形式意义上的反不正当竞争法，是指有关反不正当竞争法的规范性法律文件，如我国《反不正当竞争法》。实质意义上的反不正当竞争法，是指经济法中市场规制法的一个部门法，是由具有特定调整对象的法律规范所构成的。

反不正当竞争法的定义，是对实质意义上的反不正当竞争法内涵的界定。反不正当竞争法，是指调整在国家规制不正当竞争行为过程中发生的社会关系的法律规范的总称。

反不正当竞争法的调整对象，是在国家规制不正当竞争行为过程中发生的社会关系，即反不正当竞争关系，包括不正当竞争行为规制关系和反不正当竞争体制关系。反不正当竞争体制关系，是指各相关国家机关因反不正当竞争的权限而发生的社会关系，即反不正当竞争权力分配关系。不正当竞争行为规制关系，是指在规制不正当竞争行为过程中形成的社会关系，包括作为规制主体的市场规制部门和作为规制受体的竞争者（经营者）之间以及竞争者（经营者）相互间因规制不正当竞争行为而发生的社会关系。

（二）反不正当竞争法的性质

现代反不正当竞争法并非单纯的私法，而是越来越多地渗入了公法的因素，因此兼具公法和私法的性质，属于经济法的范畴。

　　不正当竞争确实是一种侵权行为，即损害他人合法权益的行为。但是，不正当竞争又不同于一般的民事侵权行为，其最大的不同点在于，它除了损害作为一般民（商）事主体的经营者和消费者的利益以外，还直接破坏了市场经济的最基本的机制——竞争机制。竞争本来是一种优胜劣汰的市场机制，而不正当竞争却破坏了这种市场机制。不正当竞争会扭曲正常的市场竞争机制，破坏公平竞争的市场秩序，并损害社会公共经济利益。这决定了不正当竞争不仅仅是一种单纯的民事侵权行为，而且还是一种严重损害市场竞争机制的行为。基于此，许多国家除了将不正当竞争作为民事侵权行为进行民事制裁外，还将一些不正当竞争行为作为行政违法甚至刑事违法行为，追究相应的行政责任和刑事责任。我国也是主要基于对公平竞争秩序的维护而反不正当竞争的。当然，这同时也就保护了其他经营者和消费者的合法权益。因此，从经济法的观点来看，不正当竞争属于但不限于民事侵权行为。这是认识反不正当竞争法性质的基础。

　　反不正当竞争法的性质与其利益保护结构也有密切联系。反不正当竞争法并非单一地保护竞争者的利益，尽管这是反不正当竞争法所保护的最初和基本的利益。现代反不正当竞争法的利益保护呈结构状态，是三重的，即经营者（竞争者）的利益、消费者的利益以及竞争所代表的社会公众或整体利益。当然，在这三者之间有着直接与间接之分、主要与次要之别。

三、反不正当竞争法与相关法的关系

（一）反不正当竞争法与反垄断法的关系

　　弄清反不正当竞争法与反垄断法的关系，需要先分清人们所称的这两个概念的定位。虽然垄断和不正当竞争都有广义和狭义之分，而且广义的垄断包括狭义的垄断和限制竞争，广义的不正当竞争包括狭义的垄断、限制竞争和狭义的不正当竞争，但部门法意义上的反垄断法和反不正当竞争法，定位是明确的，两者之间的关系是作为市场规制法中并列的两个部门法之间的关系。

　　二者的区别主要源于垄断和狭义的不正当竞争之间的区别。在存在垄断的情形下，市场竞争被限制、削弱或排除，市场主体之间无法或者难以展开竞争，市场也就不存在竞争或者即使存在竞争也不充分，价格信号被扭曲，基于价格的竞争机制也就无法或者难以发挥应有的作用。失去了竞争的市场，对市场主体、消费者和整个社会的进步都是有害的，因此，产生了规制垄断的反垄断法。进一步的问题是，虽然市场中不存在垄断，竞争是"充分"的，但是其竞争行为违反公平合理、诚实信用等商业道德和善良风俗，且普遍存在，其交易标的质量、标记和价格信号同样是扭曲的，基于价格的竞争机制同样无法发挥应有的作用。充斥着不正当竞争的市场，会推动市场交易成本整体上升。作为市场主体的经营者、消费者权利会因此受到直接或间接的侵害。这样，产生了规制不正当竞争行为的反不正当竞争法。极端而言，在完全垄断的市场没有竞争行为，在完全竞争的市场没有垄断行为。① 因此，反垄断法和反不正当竞争法所产生的背景、适用的市场状况、调整的对象、规制的行为是不同的，但在其宗旨和所发挥的社会经济功能上是协同的，二者殊途同归。

（二）反不正当竞争法与其他相关法的关系

产品质量法是规范在产品的生产、销售中与内在质量及其外在标示有关的行为的法律规范的总称。产品质量法中，有经济法、行政法等多个部门法的规范。产品质量法中的经济法规范主要是反不正当竞争法规范和反垄断法规范。产品质量法中的反不正当竞争法规范，主要是规范生产者在标示产品质量、性能、外观、名称、产地、厂名厂址等信息的行为的法律规范，包括禁止欺骗性标示行为的法律规范。

反不正当竞争法作为经济法的部门法，调整的是在国家规制不正当竞争行为过程中发生的经济关系。知识产权法、侵权行为法作为民法的一部分，调整的是平等主体之间财产关系和人身关系。二者的区别和联系，恰如经济法和民法之间的区别和联系。不过，较之经济法的其他部门法，反不正当竞争法与民法的关系更为密切。

四、法律制度框架下典型不正当竞争行为的认定

（一）商业贿赂行为

所谓商业贿赂，是指经营者为了获取交易机会或者竞争优势，向能够影响交易的人秘密给付财物或者其他利益的行为。比如，投标人为了中标，向招标人中的决策人员行贿；某医药公司为了推销其药品，向医院负责人、医院药房负责人或开处方的医生行贿，等等，都是商业贿赂。由于贿赂行为包括行贿行为和受贿行为，商业贿赂也就可以分为商业行贿和商业受贿。

---

① 这里的竞争行为，不是广义的竞争。这里的竞争行为和垄断行为，都仅指在位经营者之间的竞争行为和垄断行为，而不包括潜在的进入者针对在位经营者的竞争行为，也不包括为了谋求垄断地位所为的行为。

1. 商业贿赂行为的主体

（1）行贿主体

商业贿赂的行贿主体是经营者。商业贿赂之所以存在，就在于它可能给行贿人带来交易机会或相对于竞争对手的优势。这就决定了行贿主体是特殊主体——经营者。经营者的职工采用商业贿赂手段为经营者销售或者购买商品的行为，应当认定为经营者的行为。

（2）受贿主体

商业贿赂的受贿主体是能够影响行贿主体交易相对人交易决策的个人。行贿主体的交易相对人，包括经营者和非经营者。非经营者如学校、行政机关、军队等。交易决策，指有关交易与否和交易的相对人、标的、价格、时间、地点、方式及其他事项的决策。能够影响交易决策的个人，包括内部人员和外部人员。交易相对人是企业的，如经办人员、业务员、业务主管、经理、董事、监事及其他工作人员；非企业的，也是相关经办人员、决策人员。外部人员，如子公司的母公司和控股公司高级管理人员、分公司的总公司管理人员、其他组织的上级主管部门工作人员、有宏观调控权和市场规制权的国家主管机关公职人员以及其他能够影响交易决策的人。

2. 商业贿赂的主观方面

毫无疑问，商业贿赂中行贿的动机在于获取交易机会或者相对于竞争对手的优势。如在同一招投标中，只能有一个中标者，某一投标人的行贿动机当然是希望成为该中标者。在平行竞争者都有交易份额的情形下，行贿人的动机则是希望获得更大份额交易机会。前者是获取交易机会，后者则是获取相对于竞争对手的优势。二者之间只是形式上的差异，没有本质上的区别。商业贿赂中的受贿动机与一般受贿动机并无二致，都是获取个人私利。

3. 商业贿赂的客观方面

商业贿赂的行贿，是行贿人向受贿人给付金钱、财物和其他利益的行为。受贿，则是受贿人接受行贿人给付金钱、财物和其他利益的行为。

（1）金钱、财物或其他利益

财物，是指现金和实物，包括经营者为销售或者购买商品，假借促销费、宣传费、赞助费、科研费、劳务费、咨询费、佣金等名义，或者以报销各种费用等方式，给付对方单位或者个人的财物。给付其他利益的形式多样，主要是各种有偿消费的权利。由行贿人支付有偿消费的价金后，将在饮食、住宿、娱乐、休闲、健身、旅游、美容、医疗、教育、通信、运输等机构消费的权利提供给受贿人。更隐蔽的如将通过支付费用所获得的受奖权、发言权、出席权等精神性的权利提供给受贿人，或者非法提供竞选资金。

（2）给付方式：账外、暗中

在账外暗中给予对方单位或者个人回扣的，以行贿论处；对方单位或者个人在账外暗中收受回扣的，以受贿论处。账外暗中，是指未在依法设立的反映其生产经营活动或者行政事业经费收支的财务账上按照财务会计制度规定明确如实记载，包括不记入财务账、转入其他财务账或者做假账等。

（二）诋毁商誉行为

商业声誉，简称商誉，是对经营者综合性的市场评价。诋毁商誉行为，是对一类不正当竞争行为的通称，其共同特点体现在名称上。"诋"，本义为诬蔑、诽谤。"诋毁"，则指通过诬蔑、诽谤以破坏他人声誉的行为。诋毁商誉行为，是指经营者传播有关竞争对手的虚假信息或误导性信息，以破坏竞争对手的商业信誉的不正当竞争行为。理解诋毁商誉行为的概念，还需要了解该行为的构成。

1. 诋毁商誉行为的主体

一般而言，经营者、消费者和其他主体都可以因自己的行为诋毁经营者的商誉，从而构成一般民事侵权行为。但是，作为不正当竞争行为的诋毁商誉行为，其主体仅限于经营者。而且，实施诋毁商誉行为的经营者与被诋毁的经营者之间存在竞争关系。因此，可以认为，诋毁商誉行为的主体是特殊主体，是与被诋毁商誉的经营者之间存在竞争关系的经营者。不过，该竞争关系的认定，采用比较宽泛的标准。只要认定行为主体与受侵害主体之间存在直接的或间接的、现实的或潜在的竞争关系即可。二者之间如为同一地区、同一行业，甚至是提供同一类产品或服务，易于构成竞争关系。即使不在同一地区或者同一行业，也可能构成宽泛意义上的竞争关系。实践中，诋毁商誉行为的也可能是由经营者委托、授意、唆使的非经营者实施，或者与他人共同实施。

2. 诋毁商誉行为的主观方面

诋毁商誉的行为人以损毁竞争对手的商誉为目的。判断有无诋毁的目的，可以行为人与被侵害人之间的竞争关系、行为的方式、行为的效果以及行为人其他相关行为等因素为依据。有的国家，对过失传播有关竞争对手虚假信息造成其他经营者商誉损害的，也认定为诋毁商誉行为，并应承担相关的责任。

3. 诋毁商誉行为的客观方面

诋毁商誉行为的具体方式多种多样，其关键在于传播有关竞争对手的虚假信息。为此需要进一步明确：

（1）诋毁商誉行为是传播信息的行为

信息的一切传播方式都可能成为诋毁商誉行为的具体方式，如书面的、电子的、直接的、网络的、单线型的、多线型的、立体型的等。需要说明的是，信息编造不是诋毁商誉行为的必要构成条件。虽有捏造而无传播，没有对竞争对手造成不利影响，则不构成诋毁商誉行为。

（2）诋毁商誉行为是传播虚假信息的行为

多数国家的反不正当竞争法律都限定为传播的是虚假信息。

（3）诋毁商誉行为所传播的是有关竞争对手的虚假信息或误导性信息

这是由行为人损毁竞争对手商誉的目的所决定的。虚假信息，如捏造、传播经营者产品质量低劣、使用不安全等不真实的信息。也有一类情形是，传播的信息并非虚假信息，但给受众带来的认知效果是传播者的产品和服务更好，而竞争对手的产品和服务不如前者好。传播误导性信息的行为常常以比较广告的形式出现。

（三）侵犯商业秘密行为

商业秘密，是指不为公众所知悉、能为经营者带来经济利益、具有商业价值并经权利人采取保密措施的技术信息和经营信息。商业秘密是一种无形财产，且经权利人采取保密措施维持其秘密状态，那么，非经权利人同意，获取、披露、使用商业秘密的行为，都是侵犯商业秘密的行为。因此，侵犯商业秘密的行为主要表现为以下三类：

1. 不当获取行为

不当获取行为是指未经权利人同意获取商业秘密的行为。包括：（1）盗窃以获取商业秘密的行为；（2）收买以获取商业秘密的行为；（3）欺诈以获取商业秘密的行为；（4）胁迫以获取商业秘密的行为；（5）其他不正当手段获取商业秘密的行为。上述行为，未经权利人同意是其要件。获取方式是通过口头、有形介质，还是无形的网络，在所不论。

2. 不当披露行为

商业秘密作为一种有价值的信息，其价值既在于其本身的价值，更在于其处于秘密状态。商业秘密正因为其处于秘密状态才会使拥有人获得相对的竞争优势。披露商业秘密，使之向他人或社会公开，就会降低甚至消除权利人的竞争优势。因此，未经权利人同意不得披露商业秘密，包括向任何第三人和社会公开商业秘密。具体披露方式，包括：（1）口头公开；（2）书面公开；（3）电子公开。电子公开是指利用电子介质有线或无线连接以传播信息的行为。

3. 不当使用行为

商业秘密的使用，是利用他人的商业秘密影响经营过程的行为。这是实现商业秘密价值的关键环节。商业秘密的使用与商业秘密的具体形式密切相关。技术型商业秘密的使用，是在产品的生产、储存、运输、销售或者影响服务技术的各环节借鉴、模仿秘密技术，以提高质量、性能或效益的行为。经营性商业秘密的使用，则是在经营过程中借鉴、模仿或者改变经营策略，以提高经营效益和提升竞争优势的行为。商业秘密的使用，并没有显著性指标。某经营者知悉竞争对手新产品上市的价格、时间计划后，改变自己同类产品的上市价格和时间，即是一种使用。

不当使用商业秘密，是经营者未经权利人允许而利用其商业秘密中的信息影响自身行为的过程。具体形式：（1）依其取得方式，可分为正当获取的不当使用和不当获取的不当使用。正当获取的不当使用，是指行为人正当获取商业秘密，但未经权利人允许而使用。正当获取的情形，如依劳动关系作为工作人员获取，依产品和服务贸易合同关系而获取，依法享有调查、检查、行政许可、税收权等公权力机关的工作人员获取商业秘密。（2）依其使用人与获取人是否为同一人，分为自己不当使用和不当允许他人使用。无论是否为正当获取，获取人未经权利人允许所为的使用即构成自己不当使用商业秘密。上述分类，对于根据侵犯商业秘密的情节，裁量不当使用人的法律责任具有相应的价值。

第三节　消费者权益保护法律制度

一、消费者权益保护法的理论基础与基本原则

消费者权益保护法，是调整在保护消费者权益的过程中发生的经济关系的法律规范的总称。它是经济法的重要部门法，在经济法的市场规制法中尤其占有重要地位。这一概念表明，消费者权益保护法有其独特的调整对象，即在保护消费者权益过程中所发生的经济关系。由此可知，消费者权益保护法的最重要的主体是消费者，而保护的核心则是消费者权益。

（一）消费者权益保护法的理论基础

从人权理论来看，消费者权利作为一项基本人权，是生存权的重要组成部分。既然人类的一切活动都是为了人类自身的存续和发展，而人类的生活消费，无论是物质消费还是精神消费，又都是实现人权的必经方式，因此，对于

人类在生活消费中应享有的权利，法律必须予以严格保障，这样才能使消费者的基本人权从应然状态的权利转化为法定的权利或实际可享有的权利。有鉴于此，各国为了保障消费者权利，均制定了相应的保护消费者的法律规范，从而形成了各国的消费者保护制度。

从经济理论上说，企业或称厂商通常是以利润最大化为基本目标；而消费者或称居民则通常是以效用最大化为目标。两类市场主体之间在追求的目标上是存在着冲突的。企业为了营利，极可能置诚实信用等商业道德于不顾，通过非法的、不正当的手段去侵害消费者的利益。其中最为重要的是向消费者隐瞒有关商品或服务的质量、价格等方面的信息，从而会导致在企业与消费者之间出现"信息偏在"或称"信息不对称"的问题，以及企业的垄断、不正当竞争等问题，这些问题会进一步导致"市场失灵"。由于市场经济发展所带来的"信息偏在"问题是市场本身不能有效解决的，因而，应由国家通过制度供给来解决，从而表现为专门的消费者政策和消费者立法的出现。

从法学理论上看，近代市场经济的发展，是与传统民商法的发展相适应的，它促进了私法的发达；而现代市场经济的发展，导致了一系列新型经济关系的产生，使传统的民商法难以进行全面、有效的调整，因此，必须由经济法等来弥补传统民商法调整的不足，从而使经济法、社会法等现代法日益受到重视，并成为当代法律体系中不可或缺的重要组成部分。事实上，对于消费者权益的保护，在近代主要是通过传统的民商法来实现的。但到了现代，由于市场本身已不能有效解决"信息偏在"问题；同时，由于强调形式平等的民商法不能对处于弱者地位的消费者给予倾斜性的保护，以求得实质上的平等，从而也不能有效地解决"信息偏在"等问题，因而，只能在传统的民商法以外去寻求解决途径，只能运用"国家之手"予以调整。各国消费者权益保护专门立法的发展，正说明了这一点。从这个意义上说，消费者权益保护法是对传统民商法的突破性发展。

（二）消费者权益保护法的基本原则

消费者权益保护法的基本原则，在总体上同经济法的基本原则是一致的。从调制法定原则的角度说，在消费者保护领域的有关规制权以及消费者权利等，都应当法定；从调制适度的角度说，在消费者权益的保护与经营者权益的保护上，也要注意协调，即对消费者权益的保护也要适度，在保障公平的同时也要兼顾效率；从调制绩效的角度说，对消费者权益的保护同样应当考虑局部的和整体的效益，这与保护的适度直接相关。

此外，基于消费者权益保护法的宗旨，基于消费者保护的特殊性，从应然的角度说，该法应当包括以下原则：一是尊重和保障人权原则；二是保障社会经济秩序原则；三是依法交易原则。

二、《消费者权益保护法》中规定的消费者权利

（一）保障安全权

保障安全权是消费者最基本的权利，它是消费者在购买、使用商品和接受服务时所享有的保障其人身、财产安全不受损害的权利。由于消费者取得商品和服务是用于生活消费，因此，商品和服务必须安全可靠，必须保证商品和服务的质量不会损害消费者的生命与健康。

（二）知悉真情权

知悉真情权，或称获取信息权、知情权、了解权，是消费者享有的知悉其购买、使用的商品或者接受的服务的真实情况的权利。据此，消费者有权根据商品或者服务的不同情况，要求经营者提供商品的价格、产地、生产者、用途、性能、规格、等级、主要成分、生产日期、有效期限、检验合格证明、使用方法说明书、售后服务，或者服务的内容、规格、费用等有关情况。唯有如此，才能保障消费者在与经营者签约时做到知己知彼，并表达其真实的意思。

（三）自主选择权

自主选择权，是指消费者享有的自主选择商品或者服务的权利。该权利包括以下几个方面：自主选择提供商品或者服务的经营者的权利；自主选择商品品种或者服务方式的权利；自主决定购买或者不购买任何一种商品、接受或者不接受任何一项服务的权利；在自主选择商品或服务时所享有的进行比较、鉴别和挑选的权利。

（四）公平交易权

公平交易权，是指消费者在购买商品或者接受服务时所享有的获得质量保障和价格合理、计量正确等公平交易条件的权利。为了保障消费者公平交易权的实现，必须依反垄断法和反不正当竞争法等对劣质销售、价格不公、计量失度等不公平交易行为加以禁止。此外，消费者还有权拒绝经营者的强制交易行为。

（五）依法求偿权

依法求偿权，是指消费者在因购买、使用商品或者接受服务受到人身、财产损害时，依法享有的要求并获得赔偿的权利。它是弥补消费者所受损害的必不可少的救济性权利。确立和保护这一权利，对于解决实践中大量存在的侵害消费者权益的问题，对于有效惩戒不法经营者，维护市场秩序，保障基本人权，都是非常重要的。

（六）依法结社权

依法结社权，是指消费者享有的依法成立维护自身合法权益的社会团体的权利。政府对合法的消费者团体不应加以限制，并且，在制定有关消费者方面的政策和法律时，还应当向消费者团体征求意见，以求更好地保护消费者权利。

（七）接受教育权

接受教育权，也称获取知识权、求教获知权，是从知悉知情权中引申出来的一种消费者权利，它是消费者所享有的获得有关消费和消费者权益保护方面的知识的权利。只有保障消费者的接受教育权，才能使消费者更好地掌握所需商品或者服务的知识和使用技能，以使其正确使用商品，提高自我保护意识。由于厂商与消费者在信息、实力等方面的差距越来越大，因此，在今天强调消费者要接受教育、获取相关知识以提高自我保护的能力，已变得越来越重要。

（八）获得尊重权

获得尊重权，是指消费者在购买、使用商品和接受服务时所享有的其人格尊严、民族风俗习惯以及个人隐私得到尊重和保护的权利。尊重消费者的人格尊严和民族风俗，依法保护姓名权、肖像权和隐私权等个人信息，有助于形成公序良俗，既是尊重和保障人权的重要内容，也是社会文明进步的表现。

（九）监督批评权

消费者享有对商品和服务以及保护消费者权益工作进行监督的权利。此外，消费者有权检举、控告侵害消费者权益的行为和国家机关及其工作人员在保护消费者权益工作中的违法失职行为，有权对保护消费者权益工作提出批评、建议。

三、国家对消费者权益的保护

为了有效地保护消费者权益，国家应当在立法、执法、司法等各个环节上，加强对消费者权益的整体保护。在消费者政策和消费者立法方面，国家应当保护消费者的合法权益不受侵害，并应采取具体措施，保障消费者依法行使权利，维护其合法利益。

（一）在立法方面的保护

国家制定有关消费者权益的法律、法规、规章和强制性标准，应当听取消费者和消费者协会等组织的意见。此外，立法机关在把消费者政策上升为法律时，也应听取消费者的意见和要求。

（二）在行政管理方面的保护

政府的行政管理工作与消费者权益的保护水平直接相关。各级人民政府应当加强领导，组织、协调、督促有关行政部门做好保护消费者合法权益的工作，落实保护消费者合法权益的职责。各级人民政府应当加强监督，预防危害消费者人身、财产安全行为的发生，及时制止危害消费者人身、财产安全的行为。这实际上体现了对消费者的保障安全权的着重确认和保护。

我国《消费者权益保护法》除对各级政府在消费者权益保护方面的义务作出规定以外，还特别强调政府的一些具体职能部门在消费者权益保护方面的义务。根据该法规定，地方各级人民政府市场监管部门和其他有关行政部门，应当依照法律、法规的规定，在各自的职责范围内采取措施，保护消费者的合法权益。此外，有关行政部门应当听取消费者及其社会团体对经营者交易行为、商品和服务质量的意见，及时调查处理。

另外，有关行政部门在各自的职责范围内，应当定期或者不定期对经营者提供的商品和服务进行抽查检验，并及时向社会公布抽查检验结果。如果发现并认定经营者提供的商品或者服务存在缺陷，有危及人身、财产安全危险的，应当立即责令经营者采取停止销售、警示、召回、无害化处理、销毁、停止生产或者服务等措施。

（三）在惩处违法犯罪行为方面的保护

对违法犯罪行为有惩处权力的有关国家机关，应当依照法律、法规的规定，惩处经营者在提供商品和服务中侵害消费者合法权益的违法犯罪行为，以切实保护消费者的合法权益。

为了及时、有效地惩处侵害消费者合法权益的违法犯罪行为，人民法院应当采取措施，方便消费者提起诉讼。对于符合我国《民事诉讼法》起诉条件的消费者权益争议，人民法院必须受理，并应及时审理，以使消费者权益争议尽快得到解决。

第四节　产品质量法律制度

一、产品质量法概述

产品质量法，是指调整产品生产与销售以及对产品质量进行监督管理过程中形成的社会关系的法律规范总称。1993 年 2 月 22 日，第七届全国人大常委会通过的《中华人民共和国产品质量法》（以下简称《产品质量法》）为产品质量的基本法，还包括《中华人民共和国标准化法》《中华人民共和国计量法》《中华人民共和国药品管理法》等配套法律、法规，以及一切有关产品质量的法规、标准形成的广义产品质量法体系。我国产品质量法是产品质量管理法和产品责任法的统一体。

产品质量法的调整对象包括：（1）生产者、销售者与用户、消费者的关系；（2）质量监督管理机构与生产者、销售者的关系；（3）生产者、销售者之间及其与其他经营者之间的关系。

产品质量法的基本原则主要有：（1）坚持产品质量标准原则；（2）国家对产品质量实行统一立法、区别管理的原则；（3）贯彻奖优罚劣的管理原则；（4）实行管理和监督相结合的原则。

二、产品质量监督制度

（一）产品抽查制度

国家对产品质量实行以抽查为主要方式的监督检查制度，对可能危及人体健康和人身、财产安全的产品，影响国计民生的重要工业产品以及消费者、有关组织反映有质量问题的产品进行抽查。抽查的样品应当在市场上或者企业成品仓库内的待销产品中随机抽取。监督抽查工作由国务院市场监督管理部门规划和组织。县级以上地方市场监督管理部门在本行政区域内也可以组织监督抽查。另有规定的，依照规定执行。

国家监督抽查的产品，地方不得另行重复抽查；上级监督抽查的产品，下级不得另行重复抽查。根据监督抽查的需要，可以对产品进行检验。检验抽取样品的数量不得超过检验的合理需要，并不得向被检查人收取检验费用。监督抽查所需检验费用按照国务院规定列支。生产者、销售者对抽查检验的结果有异议的，可以自收到检验结果之日起15日内向实施监督抽查的市场监督管理部门或者其上级市场监督管理部门申请复检，由受理复检的市场监督管理部门做出复检结论。

对依法进行的产品质量监督检查，生产者、销售者不得拒绝。

监督抽查的产品质量不合格的，由实施监督抽查的市场监督管理部门责令其生产者、销售者限期改正。逾期不改正的，由省级以上人民政府市场监督管理部门予以公告；公告后经复查仍不合格的，责令停业，限期整顿；整顿期满后经复查产品质量仍不合格的，吊销营业执照。

(二) 产品召回制度

产品召回制度，是指由于生产者的原因造成某批次或者类别的不安全的缺陷产品，由生产者按照规定程序，通过换货、退货、补充或修正等方式，及时消除或减少产品安全危害的活动。产品召回制度是企业社会责任最直接、最切实的具体体现。这一制度在市场经济发达国家已是一项相当普遍的制度。《中华人民共和国消费者权益保护法》等相关法律、法规中关于"三包"的规定已体现出召回制度的立法精神。2019年11月8日，国家市场监督管理总局公布了《消费品召回管理暂行规定》，已于2020年1月1日起施行。

《消费品召回管理暂行规定》的立法宗旨是为了规范缺陷消费品召回工作，保障人体健康和人身、财产安全。所称"消费品"，是指消费者为生活消费需要购买、使用的产品；所称"缺陷"，是指因设计、制造、警示等原因，致使同一批次、型号或者类别的消费品中普遍存在的危及人身、财产安全的不合理危险；所称"召回"，是指生产者对存在缺陷的消费品，通过补充或者修正警示标识、修理、更换、退货等补救措施，消除缺陷或者降低安全风险的活动。

国家市场监督管理总局负责指导协调、监督管理全国缺陷消费品召回工作。省级市场监督管理部门负责监督管理本行政区域内缺陷消费品召回工作。省级以上市场监督管理部门可以委托相关技术机构承担缺陷消费品召回的具体技术工作。

生产者应当对其生产的消费品的安全负责，消费品存在缺陷的，生产者应当实施召回。召回分两种：主动召回、责令召回（责任召回）。两种召回都要履行必须程序，如报告、发布信息、停止经营、销售，实施产品召回，召回评估和监督，召回后的处理和法律责任等。

产品召回制度是为了紧急消除和及时预防缺陷产品给人们造成健康损害、生命危害和财产损失的一种预防为主、防治结合的现代经营管理制度，也是培育生产者、经营者的社会责任心的一种制度。生产者、经营者通过召回制度不仅能够避免和减少对消费者利益造成的损失，维护消费者的权益，而且能帮助企业自救，避免遭受更大损失。召回制度使企业的个体利益与社会责任结合起来，尤其在企业主动召回时更能有所体现。

三、产品质量管理制度

（一）企业质量体系认证制度

企业质量体系认证，是指依据国家质量管理和质量保证系列标准，由国家认可的认证机构，对自愿申请认证的企业的产品质量保证能力和质量管理水平进行综合性检查、评定后，确认和证明该企业质量管理达到国际通用标准的一种制度。

在我国，企业质量体系认证机构是国务院下设的国家市场监督管理机构或由其认可的认证机构。企业质量体系认证，对企业内部可以加强质量管理，实现质量目标，创优质产品；对外可以提高企业质量信誉，提高顾客对供方的信任，增加订货，减少顾客对供方的检查评定，有利于顾客选择合格的供方。

（二）产品质量认证制度

产品质量认证是依据产品标准和相应技术要求，经认证机构确认并通过颁发证书和认证标志，以证明企业某一产品符合相应标准和相应技术要求的活动。产品质量认证包括自愿认证和强制认证两种，自愿认证又分为安全认证和合格认证。安全认证是以安全标准为依据进行的认证或只对产品中有关安全的项目进行认证。合格认证是对产品的全部性能、要求，依据标准或相应技术要求进行的认证。我国常见的合格认证由长城认证、PRC认证、方圆认证；常见的安全认证有方圆认证、3C认证。

企业质量体系认证与产品质量认证有显著区别：前者认证的对象是企业的质量体系，后者认证对象是企业的产品；前者认证的依据是质量管理标准，后者认证的依据是产品标准；从认证结论上看，前者是要证明企业质量体系是否符合质量管理标准，后者是要证明产品是否符合产品标准。

四、产品质量责任制度

产品质量责任制度是指生产者、销售者以及对产品质量负有直接责任的责任者，因违反产品质量法规定的产品质量义务所应承担法律责任的制度。产品质量责任是一种综合责任，包括有关产品质量的民事责任、行政责任和刑事责任三种形式。其中，民事责任的主要目的在于对受害人的补偿，而行政责任和刑事责任主要在于对侵害人的惩戒。产品质量的民事责任既包括违反《中华人民共和国民法典》相关法律法规（因产品存在瑕疵，产品的生产者或销售者给买方造成财产损失时，生产者或销售者根据法律规定应承担的产品质量合同责任），又包括违反产品质量法、标准化法、计量法以及其他规范产品质量法律法规（因产品缺陷而给消费者、使用者或者第三人造成人身、财产损失时，由生产者和销售者根据法律规定应承担的产品侵权责任）。在产品质量事故中受害人最关心的就是获得补偿，挽回经济损失，因此，民事责任是产品质量责任的主要责任形式。

（一）归责原则

产品质量民事责任是指违反产品质量义务所应承担的民事法律后果。它是产品质量责任的主要责任形式，主要包括产品质量合同责任和产品侵权民事责任。我国《产品质量法》的归责原则，采用过错责任原则与严格责任原则并存的立法模式。

（1）过错责任原则，是指一方当事人不履行或不适当履行合同义务时，应以该当事人主观过错作为确定违约责任构成的依据，没有过错即不应当承担违约责任。

过错责任原则可分为两种：①一般过错责任原则，要求受害人举证证明加害人有过错，以及过错行为与损害结果之间有因果关系；②推定过错责任原则，要求加害人举证证明自身没有过错，以及自身的行为与损害结果之间不存在因果关系，否则推定加害人有过错。

（2）严格责任原则，是指只要有一方发生违反合同义务的行为后，即确定违约当事人的违约责任，除非当事人能够证明自己有法定的免责事由，并不考虑违约方的故意和过失，是一种无过错责任的特殊类型。

一般认为，严格责任原则应具备三个构成要件：①产品缺陷；②损害事实；③产品缺陷与损害事实之间存在因果关系，没有过错要件。

（二）产品质量合同责任

产品质量合同责任，又称产品瑕疵担保责任，是指在产品买卖关系中，产品的生产者或销售者向买方保证产品质量，若产品存在瑕疵，生产者或销售者应当承担相应的法律后果。产品瑕疵担保责任是一种法定责任，属于严格责任的一种。关于产品瑕疵的质量标准，合同有约定的，依照合同约定；无约定或者约定不明的，应按国家标准或行业标准；没有国家标准或行业标准的，依照通常标准或符合合同目的的特定标准。

产品质量合同责任的构成要件：只要产品质量不符合合同约定即可，举证比较容易。免责事由有：（1）不可抗力；（2）受害人自己过错造成的；（3）受害人事先明知产品质量有瑕疵或事先约定免责的。

承担产品质量合同责任的形式包括：负责无偿修理、更换、退货、赔偿损失或减少价金的责任，但不赔偿精神损害；若产品瑕疵使合同目的不能实现时，买方也可以解除合同。销售者先行履行瑕疵担保责任后，证明属于生产者的责任或者供货者的责任的，销售者有权向生产者、供货者追偿。

（三）产品责任

产品责任，又称产品缺陷责任，是生产者或销售者因产品存在缺陷给受害人造成人身损害或者缺陷产品以外的其他财产损害所应承担的特殊侵权赔偿责任。生产者是产品责任的主要承担者，对其适用严格责任原则；销售者承担产品责任，适用推定过错责任原则。

产品责任的构成要件包括：（1）产品有缺陷，包括设计缺陷、制造缺陷和标示说明缺陷（警示缺陷）三种；（2）损害事实客观存在；（3）产品缺陷与损害事实具有因果关系。免责事由包括：（1）未将产品投入流通的；（2）产品投入流通时，引起损害的缺陷尚不存在的；（3）将产品投入流通时的科学技术水平尚不能发现缺陷的存在的。

承担产品责任的形式有：（1）造成受害人财产损失的，侵害人应当恢复原状或者赔偿受害人的损失；（2）造成受害人人身伤害的，侵害人应当赔偿医疗费、治疗期间的护理费、因误工减少的收入等费用；（3）造成残疾的，还应当支付残疾者生活自助费、生活补助费、残疾赔偿金以及由其扶养的人所必需的生活费等费用；（4）造成受害人死亡的，并应当支付丧葬费、死亡赔偿金及由死者生前扶养的人所必需的生活费等费用。

《中华人民共和国民法典》第1207条规定：明知产品存在缺陷仍然生产、销售，或者没有依据法律规定采取有效补救措施，造成他人死亡或者健康严重损害的，被侵权人有权请求相应的惩罚性赔偿。

第四章　宏观调控法律制度

现代市场经济是由宏观调控的市场经济，在社会主义市场经济体制下，既要发挥市场在资源配置中的决定性作用，同时也要搞好宏观调控，更好地发挥政府的作用。本章从宏观调控法的基本原理入手，进一步对宏观调控法律制度的具体内容——财政法律制度、税收法律制度、金融调控法律制度以及计划法律制度加以分析。

第一节　宏观调控法基本原理

一、宏观调控法的调整对象

所谓宏观调控，是指国家为实现社会总需求与社会总供给之间的平衡，保证国民经济持续、稳定、协调增长，而运用经济、法律和行政的手段对社会经济运行的调节与控制。宏观调控法的调整对象是宏观调控关系，或称宏观经济调控关系，它是国家对国民经济和社会发展运行进行规划、调节和控制过程中发生的经济关系，它涉及现实社会中的国民经济整体利益、社会公共利益和国家根本与长远利益。其内容十分广泛，主要包括以下几类宏观调控关系：

（一）计划调控关系

在社会主义市场条件下，经济运行要以市场为主，充分发挥市场配置资源的决定性作用，更好地发挥政府作用。这就不能排斥政府计划或规划的作用。宏观调控法应当调整好国家计划调控关系。

（二）财税调控关系

财政作为一种以国家为主体的在全社会范围内的集中性分配活动，同社会再生产有着密切的联系。随着社会经济的发展，财政已从单纯的组织收入以满足政府活动的需要，发展为对国民经济运行实行调控的有力手段。政府运用财政调控手段，其中包括预算支出结构的安排、税率的高低调整、国家信用、财政补贴等，能够更好地实现宏观调控的目标。所谓财政（包括税收）关系是一种以国家权力为依托的对社会产品和国民收入进行分配和再分配所产生的特殊分配关系。它是宏观调控法的调整对象。

（三）金融调控关系

由金融活动产生的金融关系，是在与货币流通和银行信贷相联系的经济活动中形成的一类经济关系，货币调控和信贷资金的调控是国家调控经济的极为重要的手段。因此，调整货币发行和资金流通中形成的金融调控关系，是宏观调控法的重要任务。

（四）产业调控关系

国家通过对产业结构、产业组织形式和产业区域布局的规划和安排，达到对经济建设的总体的合理的布局，是宏观调控的目标之一。因此，应当将产业调控关系纳入宏观调控法的调整范围。

（五）投资调控关系

固定资产投资膨胀，是造成国民收入超分配的重要原因。要保持经济总量的基本平衡和国民经济的协调发展，必须控制固定资产投资规模，同时不影响国家重大建设项目的安排。因此，对于投资调控关系的调整，也是宏观调控法的任务。

（六）储备调控关系

国家为了实现总需求与总供给均衡的宏观调控目标，需要在特殊领域实施战略性物资储备制度，如中国粮食储备制度、棉花储备制度、外汇储备制度、土地储备制度、石油储备制度，等等。战略物资储备制度中存在的储备功能定位、储备规模标准控制以及参与主体等问题，既是宏观调控的重要内容，也是宏观调控法必须解决的法律问题。因此，战略物资储备调控关系也应当是宏观调控法的调整范围。

（七）涉外经贸调控关系

为保持对外经济贸易活动的健康发展，保持国际收支平衡，国家需要对涉外经济贸易活动进行必要的宏观调控和监管。因此，由国家宏观调控措施作用产生的对外宏观经济关系，应当由宏观调控法调整。

二、宏观调控法的总体原则

（一）总量平衡与结构优化原则

宏观调控的主要目标，就是要保持经济总量的基本平衡和经济结构的优化。所谓经济总量的平衡，就是社会总供给与社会总需求的价值总量的平衡，是社会经济运行保持协调状态的前提条件。一个国家一定时期的国民经济活动总成果可以用一定的总量指标来反映。世界上多数国家所采用的反映国民经济活动总量的指标主要有：社会总产值、工农业总产值、国民收入、国民生产总值等。经济结构是指国民经济诸组成要素相互联系、相互作用的内在形式和方式。经济结构的内容非常广泛，包括产业结构、投资结构、市场结构、消费结构、劳动力结构等。经济总量的平衡是经济结构赖以实现的基础，经济结构优化是宏观调控目标的实质内容。

经济总量的基本平衡和经济结构的优化，是宏观调控的目标和重要原则。宏观调控法是宏观调控关系的法律形式。形式必须反映内容。宏观调控法必须确认平衡与优化原则，从而调动宏观调控法的一切调整手段，发挥宏观调控法各项法律制度的功能，促进经济总量的基本平衡和经济结构的优化。

（二）调控行为法定原则

宏观调控行为必然涉及资源的配置与利益的调节，尤其是财政、税收、中央银行和物价部门的调控行为直接涉及生产经营者和公民的财产权益，必须有法律的明确授权。为了保障市场机制活力，更大程度地发挥市场在资源配置中的决定性作用，切实维护企业与公民的利益，宏观调控行为应受宏观调控法实体性、程序性规范的约束，控制在法律允许的范围之内，使之纳入法制轨道。在宏观调控法中确认调控行为法定原则，其基本要求是：宏观调控主体资格法定，明确它们各自的法律地位；各类不同宏观调控主体所享有的宏观调控权力法定，严格要求宏观调控主体在法律赋予的调控权范围内活动，禁止假借调控之名，侵害受控主体的权益，保障宏观经济健康运行和市场经济秩序；宏观调控方式与程序的法定，这是保证宏观调控法有效实施的基本要求。

（三）调控适度原则

在现代市场经济中，脱离国家宏观调控的所谓"纯粹"市场经济，早已不复存在。自发生了 1929—1933 年那场资本主义历史上最深刻、最长久、最广泛的世界经济危机之后，由宏观调控的竞争性市场经济逐步替代了昔日的自由放任的自由市场经济。综观近现代西方经济理论的发展，各种学派的基本观点和理论脉络，几乎都是围绕着如何选择、运用好宏观调控政策，以便解决经济增长和市场竞争中出现的诸多矛盾这个基本点来展开的。不论是最具代表性的，以"有效需求"理论为核心，主张强化国家干预、"赤字财政"政策的凯恩斯学派，还是强调货币"单一规则"运动的货币主义，或是供应学派和近些年又重新抬头的新凯恩斯主义等等，都概莫能外。

我国实行社会主义市场经济体制，也要使市场在国家宏观调控下对资源配置起决定性作用。所以，国家应当运用经济手段、法律手段和必要的行政手段管理国民经济，但不能直接干预企业的生产经营活动。

宏观调控法上的政府调控适度原则，其内涵有三层意思：一是宏观调控行为不得冲击和削弱市场机制作用的发挥，应当促进和保护市场机制调节功能的充分发挥；二是宏观调控行为必须尊重客观经济规律，依法进行调控；三是调控行为或手段一般不得直接干预经济组织的具体生产经营活动。

（四）注重宏观效益原则

对宏观经济的调控涉及的经济利益是全局性的利益，如生产者全体的利益、消费者全体的利益、国家利益或社会公共利益。总合起来的经济行为不等于单个主体活动的总和，某一单个企业的高经济效益，不一定都有助于宏观经济效益的提高，相反，可能有损于宏观经济效益。因此，宏观调控的着眼点是如何提高宏观经济效益，而不直接过问某个企业的经济效益。宏观调控法通过调整宏观调控关系，目的就是要激励、促进和保护宏观经济效益的提高。为实现这一目的，就必须确定促进宏观经济效益的提高为宏观调控法的基本原则，使宏观经济主体的一切经济行为都有利于宏观经济效益的增长。

三、宏观调控法的具体调整方法

（一）以宏观经济政策业务范围为基础确立的调整方法

1. 财政调控方法

财政调控方法是指利用法定的财政工具（如财政预算、税收、国债等财政收入手段以及转移支出等财政支出手段），对宏观经济关系施加有影响力和法律后果的方法。这是宏观调控法的主要调整方法之一。宏观调控法通过运用财政调控方法可以改变收入分配或利益格局，影响宏观经济关系，达到维护社会财富分配公平、实现宏观调控法的目标。

2. 货币调控方法

货币调控方法是指利用法定的货币工具（如存款准备金、利率、再贴现、再贷款、公开市场操作、信用控制等），对宏观经济关系施加有影响力和法律后果的方法。宏观调控法通过运用货币调控方法可以控制和调节货币供应量，影响宏观经济关系，达到维护币值与金融的稳定，实现宏观调控法的目标。货币调控方法是宏观调控法的主要调整方法之一。

3. 产业政策调控方法

产业政策调控方法是指利用法定产业政策对资源合理配置和加速产业结构优化，进而影响宏观经济关系的方法。一般认为产业政策主要由产业结构政策、产业组织政策、产业技术政策和产业布局政策等部分组成。宏观调控法通过运用产业政策调控方法，可以发挥资源配置结构的导向功能、经济运行态势的协调功能和经济运行机制的组合功能，影响宏观经济关系，实现宏观调控法的目标。

4. 价格政策调控方法

价格政策调控方法是指利用法定宏观价格政策对价格总水平实施调控，以实现物价总水平的基本稳定，进而影响宏观经济关系的方法。价格政策按层次来划分，可以分为宏观价格政策和微观价格政策。宏观调控法的价格调控方法主要运用宏观价格政策的功能，来实现宏观调控法的目标。

5. 对外经济政策调控方法

对外经济政策调控方法是指利用法定对外经济政策措施，以实现优化进出口贸易、利用外资和国际收支基本平衡，进而影响宏观经济关系的方法。对外经济政策调控方法也是宏观调控法的一种调整方法。

（二）以对经济行为影响的力度与方式为基础确立的调整方法

1. 利益诱导方法

利益诱导方法，是指采用法律确认的经济利益诱导方式，从而对宏观经济关系施加有影响力和法律后果的方法。它具体包括国家通过确定法定利率、税率、汇率、价格和工资标准等经济参数来调节经济活动的多种方法。因为经济参数是一系列变量，这些变量的上下变化，不断改变着经济主体之间的经济利益关系，从而调节各种生产要素，以实现宏观经济目标要求的合理配置和组合。

之所以将经济诱导方法称之为宏观调控法的法律调整方法，是因为经济参数在一定时期的确定与变化，须通过经济立法程序确认和公布，全体经济主体都必须执行，而且必须由享有宏观调控权的国家机关掌管和运用。例如，税率、汇率、利率的确定都是法律规定的，可称之为法定参数，它们分别由税务机关、外汇管理机关和中央银行掌管和运用，任何个人和其他机关都不得擅自变动。应当注意的是，诱导不是一般意义的引导，而是通过法律中介转换的诱导，它属于宏观调控法特有的调整方法，而不是民事方法，因为其具有政府的意志。

2. 计划指导方法

计划指导方法，是指通过直接作用于经济活动的经济计划指标或长远规划来影响宏观调控关系的方法，其影响力要比经济参数作用直接得多。计划指导不同于一般的经济诱导方法，但也不是计划部门的行政指令，而是通过计划法确定的原则和程序来制订、修改经济计划，一切计划执行主体必须依法实施计划，完不成计划要承担一定的法律责任。因此，这种计划指导不是一种行政手段，而是一种法律化的经济手段。计划指导方法应是宏观调控法的特有的方法之一。它不是行政手段，因为它不是偶然的、一次性适用的、临时的行政指令。

3. 强行控制方法

强行控制方法，是指政府依法对经济行为进行的某种限制或禁止，从而对宏观调控关系施加强制影响力的方法。这里包含三层意思：一是施行这种方法的主体只限于政府或政府授权的机关；二是必须依照事先制定的法律、法规和政府规章；三是强行控制的目的是限制或禁止与宏观调控目标相背离的行为和损害宏观经济整体效益的行为。在宏观调控法中，强行控制方法既可影响公正分配、经济稳定增长、经济总量和结构保持平衡等行为，也可禁止地区封锁、部门集团垄断、损害消费者利益等行为。

第二节　财政法律制度

一、财政法概述

(一) 财政法的概念

财政法是调整财政关系的法律规范的总称。财政关系是指在以国家为主体而发生的财政收入、财政支出以及财政管理过程中的社会关系。

（二）财政法的调整对象

（1）财政管理体制关系。财政管理体制关系是划分中央与地方之间关于财政收支、转移支付等方面权限而在有关国家机关之间发生的社会关系。

（2）预算关系。预算关系是国家各级机关在预算收入、支出和进行预算管理过程中所发生的财政关系。包括国家立法机关和预算执行机关、中央与地方之间、总预算与单位预算等之间的收支分配关系。

（3）税收关系。税收关系是指国家在参与国民收入和社会产品分配过程中，同法人、非法人单位、自然人之间形成的税收关系。这种关系一经税收法律规范所确认，便成为税收法律关系，成为税收法律规范的调整对象。

（4）财政管理、监督关系。财政管理、监督关系是指国家财政机关根据财政法的规定，对财政收支活动和对国家有关主管部门、企业和行政事业单位的财务，进行组织、管理、调节、监督检查过程中发生的管理监督关系。

（5）国家信用关系。国家信用关系是国家作为政权主体在参与信用活动中所形成的财政关系。在我国，发行国债的目的在于平衡国家财政收支，稳定经济，解决国家经济建设资金的不足。国家通过国债立法，调整国家与公债购买者之间的信用关系，以保障我国财政收支平衡，并满足国家重点建设所需要的资金。

（6）政府采购关系。政府采购关系主要是指政府在运用财政资金进行采购的过程中所形成的财政支出关系。

总之，上述各种财政关系都是在国家财政活动中发生或形成的，均为财政法的调整对象，协调好上述各种财政关系也是我国财政法的根本任务。

二、预算法律制度

所谓预算即国家预算，是指一国政府依法定程序编制、审查和批准的未来一定时期内的财政收支的计划。国家预算由中央预算和地方预算构成。从形式上看，国家预算是一个兼有技术性和法律性的计划，是预算年度内的预期收入和支出的一览表，反映政府在该年度内进行财政收支活动所应达到的各项收支指标和收支总额的状况。从内容上看，预算是具有法律约束力的国家基本财政计划。国家预算的编制是政府对财政收支的计划安排。预算的执行是财政收支的筹措和使用过程。国家决算是国家预算执行的总结。国家预算反映了政府财政活动的深度、广度、方向和理念，它对于一个国家的社会和经济的发展有着很重要的促进作用。

预算法是调整预算关系的法律规范的总称。它是组织和管理国家预算的法律依据，是财政法的核心。预算关系是指在国家预算收入、支出和进行预算管理过程中产生的社会关系。从预算法所包含的内容以及有效时间的不同来看，预算法体系主要由基本预算法、特别预算法和年度预算法构成。基本预算法是指规定预算管理级次及权限、预算编制、执行和决算等活动过程中应当遵循的基本原则等基本问题的法律规范的总和。它一般由国家最高立法机关制定，效力等级高、有效时间长、相对稳定，是制定其他预算法规的依据。其表现形式主要为宪法、财政法、预算法等。2018 年 12 月 29 日修订的《预算法》，就是我国的预算基本法。

特别预算法是指为了保证国家某种特殊预算需要，如战争特别预算、公债偿还特别预算、重大自然灾害特别预算等，而制定的法律规范。年度预算法是指为了编制计划年度的国家预算而制定的法律，或者是由国会批准的年度预算法案。一般而言，现在各国经各级权力机构批准的某一年度的预算报告，是具有法律效力的一种法律文件，广义上属于年度预算法的范畴。

预算是一个历史的范畴。预算制度发展到现代，尽管各国预算制度的具体内容各有不同，但无一例外都是以法律形式来规范、确定并划分国家预算管理权限，尤其强调立法机关以法律形式对国家预算活动予以授权和监督，强调政府机关必须依法执行国家预算。国家预算从最初诞生直至发展到现代，一直都与法律有着不解之缘。加强和完善我国的预算立法，对于我国社会与经济的发展有着十分重要的积极意义。其作用主要表现在以下几个方面。

第一，强化了预算的分配职能。预算活动的基本目的就是科学安排国家财政收支以确保收支的平衡，更好地满足社会公共需要。为达到这一目的，就必须以立法的形式明确规定预算收支的范围，使预算的分配能代表大多数社会成员的意愿，防止公权力的滥用。预算草案一经立法机关批准，就具有法律约束力，预算主体就必须认真组织实施，非经法定程序，不得擅自改变预算的内容。

第二，健全了国家对预算的监督管理。预算法通过确认各级预算管理机关的职责权限、规定各级预算管理机关预算活动必须遵循的原则和必经的程序，使预算活动有章可循，预算管理机关职责分明。

第三，提升了国家的宏观调控能力。过去，由于预算法制不健全，导致预算执行不力的现象十分严重。各地方、各部门为了谋取本地区、本部门的利益，任意改变预算，乱批条子、乱开口子、乱上项目的现象十分普遍，以至于国家财政连年赤字，通货膨胀，经济波动已成为举国担忧的一个突出问题，国家宏观调控的能力受到了严重的侵蚀。要加强国家宏观调控，在预算管理方面就必须坚决贯彻"有法可依，有法必依，执法必严，违法必究"的法治原则，提升国家的宏观调控能力。

三、国债法律制度

国债，又称"金边债券"，是国家以其信用为基础，按照债的一般原则，通过向社会筹集资金所形成的债权债务关系。在这种债权债务关系中，国家作为债务人，根据还本付息的信用原则，通过在国内发行债券或向外国政府、金融机构借款方式筹集财政资金，取得财政收入。国债是现代国家财政收入的一种。国债法，是指由国家制定的调整国债在发行、流通、转让、使用、偿还和管理等过程中所发生的社会关系的法律规范的总称。它主要规范国家（政府）、国债中介机构和国债投资者涉及国债时的行为，调整国债主体在国债行为过程中所发生的各种国债关系。国债法的主要特征表现为以下三点：（1）国债法具有公法和私法的双重属性；（2）国债法具有宏观调控性；（3）国债法具有财政政策性。

国债发行，是指国债出售与认购的法律行为。我国对国债发行实行严格的计划审批制。每年预算中都包括国债发行计划，由财政部代表中央政府向个人、银行、机构投资人和证券中介机构发行国债。国债转让，即国债持有者在必要时可以到国债流通市场转让国债。办理国债转让业务的中介机构主要是各类证券公司，转让方式主要有两种：（1）自营买卖，即由中介机构用自己的资金向国债出售人买入国债，然后再将其售出。（2）代理买卖，即由中介机构根据国债出售人或购买人的委托，按其指定的价格、数额和交易期限代其买卖国债。国债偿还，是指国家依法律规定和约定对到期国债支付本金和利息的法律行为。国债管理则贯穿于国债运行全过程，其主要目的是确保国债运行实现国家的财政政策，促进经济的稳定和增长，并兼顾投资者的利益。

四、政府采购法律制度

政府采购制度是规范政府采购行为的一项公共管理制度。政府采购也称公共采购，是指各级政府及其所属机构为了履行法定职责或者为提供公共服务的需要，使用财政性资金，在政府采购监督管理部门和其他有关部门及社会公众的监督下，按照平等、自愿的原则，以合同的形式，通过法定的方法和程序有偿取得货物、工程和服务的行为。

政府采购法是调整政府采购当事人在向市场进行政府采购的活动过程中所发生的社会关系的法律规范总称，也即对于政府及其所属机构为了实现政府职能和向公众提供公共产品的需要，而向市场供应商进行购置活动的政府行为的法律调整。政府采购是公共财政的重要组成部分。有国家就有政府采购，但真正成为政府采购制度是源于财政支出管理的需要。为了加强和规范庞大的政府采购行为，一些市场经济国家一般都是通过法律和制度来进行的，这些法律制度就形成了政府采购制度。国外政府采购制度最突出的特点就是以立法形式确定的，目的就是建立科学完善的政府采购制度和运行机制，规范采购行为，实现加强公共资金管理制度、提高采购活动的透明度和发挥政府采购政策导向等目标。

改革开放以来，我国将推行政府采购制度作为财政支出三大改革内容之一列入议事日程，并自1996年起开始进行试点。第九届全国人大常委会第二十八次会议于2002年6月29日通过《政府采购法》，自2003年1月1日起施行，并于2014年8月31日第十二届全国人民代表大会常务委员会第十次会议修订。该法分总则、政府当事人、政府采购方式、政府采购程序、政府采购合同、质疑与投诉、监督与检查、法律责任、附则等9章，共88条。《政府采购法实施条例》于2015年3月1日起施行。《政府采购法》的立法意义体现在以下三个方面：

第一，完善了财政支出的宏观调控功能，规范了财政支出的管理。政府采购制度可以通过以下形式对实现社会和经济政策目标发挥重大导向作用：一是通过采购规模的增减调节经济运行，促进产业结构调整；二是通过优先购买本国产品，支持国内企业的发展；三是扶持中小企业的发展。总之，就是要通过政府采购，发挥财政支出的政策功能，既要约束支出使用行为，又要把支出的效益最大化。

第二，提高财政支出的透明度，减少权力寻租，促进了廉政建设。政府采购被誉为"阳光下的交易"，其核心是将公开的竞争机制引入财政支出管理中，按照公平、公开和公正的原则开展采购活动，才能有效对政府采购从事前、事中和事后活动进行全方位的监督。因此，建立政府采购制度，提高政府采购活动的透明度，是我国新时期从源头预防和治理腐败的必然要求。

第三，适应了国际经济全球化对采购法制的要求。世界贸易组织经过多年的谈判，于1994年形成了《政府采购协定》。在入世谈判期间，关于签署《政府采购协定》后履行所作承诺，我国曾面临巨大压力。加入世贸组织以后，我国充分利用政府采购市场开放前的有限时机，按照国际通行规则建立了政府采购制度。在发挥政府对国内企业的支持和保护作用的同时，也让供应商逐步适应和掌握获取政府合同的国际规则，有利于参与国际竞争。

第三节 税收法律制度

一、税法概述

(一) 税法的概念和体系

税收是人民以要求并享受国家所提供的公共服务为目的，依法向征税机关缴纳一定的财产以形成国家财政收入，从而供国家提供公共服务之需的一种活动。税法是调整在税收活动过程中国家、征税机关和纳税主体等各方当事人之间产生的税收关系的法律规范的总称。

税法体系是指不同的税收法律规范相互有机联系所构成的统一整体。税法体系大体上可以分为税收实体法和税收程序法。税收实体法主要由各个税种法所构成，是税法体系的主体部分。税收程序法则主要包括税收的征收管理、税收处罚和税收救济等方面的内容。

我国目前的税收实体法是按照"一税一法"的原则构建的，即一个税种相对应于一部税法。

(二) 税法的基本原则

税法的基本原则是指在税收的立法、执法、司法、守法和法律监督等各个环节都必须遵循的基本准则，主要包括税收法定原则、税收平等原则和税收效率原则。

1. 税收法定原则

又称税收法定主义，是指征税主体必须依且仅依法律的规定征税，纳税主体必须依且仅依法律的规定纳税。其具体内容包括如下三个部分：

（1）税种法定。其基本含义是，税种必须由法律予以规定；非经税种法律规定，征税主体没有征收权力（利），纳税主体不负缴纳义务。这是发生税收关系的法律前提，是税收法定主义的首要内容。

（2）税收要素确定。其基本含义是，税收要素须由法律明确规定。税收要素是税收（法律）关系得以具体化的客观标准，故税收要素确定原则构成税收法定主义的核心内容。

（3）程序法定。其基本含义是，税收法律关系中的实体权利义务得以实现所依据的程序性要素须经法律规定，且征纳主体各方均须依法定程序行事。

2. 税收平等原则

是指在税收法律关系的各方主体之间应当贯彻公平或平等的基本准则。这一原则包括如下三个层次：

（1）税法的平等适用。这一原则是"法律面前人人平等"原则在税法中的体现。它意味着不论是征税主体还是纳税主体，都应平等地适用税法，不仅应当依法征纳税，而且违法行为均应受到惩处。

（2）税法的征税公平。税法的征税公平，包括横向公平和纵向公平两方面：前者是指经济情况相同、纳税能力相等的纳税人，其税收负担也应相等；后者是指经济情况不同、纳税能力不等的纳税人，其税收负担亦应不同。

（3）税法的本质公平。税法的本质公平是指作为实质征税主体的国家为什么要征税或者说国家征税是否应该。此点从税收的概念可知，即国家征税的合理性在于其为人民提供公共服务。由税法的本质公平还可推导出，作为税收法律关系主体的国家与纳税人之间、征税机关与纳税人之间的法律地位应当是平等的。

3. 税收效率原则

包括行政效率和经济效率两大方面。税收的行政效率是指应当以尽可能少的征收成本征收尽可能多的税款。税收的经济效率则是指税收应当尽量避免对市场正常配置资源的基础机制和市场主体的竞争地位产生不当影响，也称税收中性原则。

二、商品税法律制度

商品税，国际上通称"商品和劳务税"，也称为流转税，是以商品（包括劳务）为征税对象的一类税。我国现行商品税主要包括增值税、消费税、烟叶税、关税等。商品税具有下列特征：（1）征税对象是商品和劳务，而非所得和财产，这是其区别于所得税和财产税的根本标志；（2）课税隐蔽，税负容易转嫁；（3）简便易行。

增值税，是以商品流转过程中产生的增值额为计税依据而征收的一种商品税。所谓增值额，是指生产者或经营者在一定期间的生产经营过程中新创造的价值，即商品销售收入额或劳务收入额扣除非增值因素后的余额。增值税是一种"良税"，体现在：（1）中性税种，不会干扰资源配置；（2）实行"道道课征，税不重征"，避免了传统流转税"道道征税，税上加税"的税负累计现象；（3）构成主体税种（法）；（4）具有相互稽查机制，有利于防止偷漏税现象的发生。

消费税，也称货物税，是以特定的消费品的流转额为计税依据而征收的一种商品税。目前我国消费税适用的主要法律依据为《消费税暂行条例》及其实施细则等。消费税的特点表现在：（1）征税范围的选择性；（2）征税环节的单一性；（3）税率形式和计税方法的灵活性。

烟叶税是以烟叶为征税对象，向收购烟叶的单位征收的一种特别消费税。烟叶税的纳税主体为在我国境内依照《烟草专卖法》的规定收购烟叶的单位。征税对象为烟叶，包括晾晒烟叶和烤烟叶。

城市维护建设税对城市、县城和建制镇范围缴纳增值税和消费税的单位和个人征收，以纳税人实际缴纳的前述两税的税额为计税依据，不包括非税款项。

关税，是指由海关对进出境的货物或物品（以下统称"货物"）的流转额征收的一种商品税。目前我国关税适用的主要法律依据包括《海关法》《进出口关税条例》和《海关进出口税则》等。关税的特点表现在：（1）课税环节为进出口环节；（2）征税对象特殊；（3）计税依据是不含税的完税价格；（4）由海关负责征收。

三、所得税法律制度

所得税，是指以所得为征税对象并由获取所得的主体缴纳的一类税的总称。我国现行所得税法主要包括企业所得税法和个人所得税法。

所得税具有以下特征：（1）所得税的征税对象是所得，计税依据是纯所得额，这是其区别于商品税、财产税的最主要特点；（2）所得税计税依据的确定较为复杂，其原因在于对法定扣除项目的规定较为复杂；（3）在税率方面，比例税率与累进税率并用；（4）所得税是一种直接税；（5）在税款缴纳上实行总分结合，即先分期预缴，到年终再清算。

（一）企业所得税法律制度

企业所得税，是指以企业为纳税人，以企业一定期间的纯所得额为计税依据而征收的一种税。企业所得税的纳税主体，是在我国境内的企业和其他取得收入的组织。依照中国法律、行政法规成立的个人独资企业、合伙企业不是企业所得税的纳税主体。

企业所得税的征税范围是纳税人来源于中国境内、境外的销售货物所得、提供劳务所得、转让财产所得、股息红利等权益性投资所得、利息所得、租金所得、特许权使用费所得、接受捐赠所得和其他所得。

所谓来源于中国境内、境外的所得，按照以下原则确定：（1）销售货物所得，按照交易活动发生地确定；（2）提供劳务所得，按照劳务发生地确定；（3）转让财产所得，不动产转让所得按照不动产所在地确定，动产转让所得按照转让动产的企业或者机构、场所所在地确定，权益性投资资产转让所得按照被投资企业所在地确定；（4）股息、红利等权益性投资所得，按照分配所得的企业所在地确定；（5）利息所得、租金所得、特许权使用费所得，按照负担、支付所得的企业或者机构、场所所在地确定，或者按照负担、支付所得的个人的住所地确定；（6）其他所得，由国务院财政、税务主管部门确定。

（二）个人所得税法律制度

个人所得税，指以个人所得为征税对象，并由获取所得的个人缴纳的一种税。目前我国个人所得税适用的法律依据为《个人所得税法》及其实施条例。

我国个人所得税的特点体现在：（1）由长期的分类税制向混合税制转变，目前尚处于实行混合税制的初始阶段。（2）较为严密的法律规定与宽松的执法程度不相匹配。（3）在贯彻量能课税原则和尊重婚姻家庭基本权方面还有改进的空间。

按住所标准和时间标准，划分为居民纳税人和非居民纳税人：前者是指在中国境内有住所，或者无住所而一个纳税年度内在中国境内居住累计满183天的个人，应就来源于中国境内或者境外的所得承担无限纳税义务；后者是指在中国境内无住所又不居住，或者无住所而一个纳税年度内在中国境内居住累计不满183天的个人，仅就来源于中国境内的所得承担有限纳税义务。

我国区分居民个人和非居民个人，对前者适用混合税制，后者仍然适用分类税制。所谓混合税制，是指作为征税对象的所得既有综合所得，又有分类所得；其中，属于综合所得的各税目所得加总做各项法定扣除后适用超额累进税率计税，属于分类所得的税目则依各税目相应规则单独计税。

就居民个人而言，其综合所得税目部分，包括工资、薪金所得（简称"工薪所得"），劳务报酬所得（简称"劳酬所得"），稿酬所得和特许权使用费所得（简称"特许费所得"）4个税目；分类所得税目部分，包括经营所得，利息、股息、红利所得（简称"股利所得"），财产租赁所得，财产转让所得和偶然所得共5个税目。就非居民个人而言，上述共计9个税目均为分类所得税目。

个人所得的形式，包括现金、实物、有价证券和其他形式的经济利益。个人取得的所得，难以界定应纳税所得项目的，由国务院税务主管部门确定。

四、财产税法律制度

财产税，是指以特定财产为征税对象，由对特定财产进行占有、使用或收益的主体缴纳的一类税。我国现行财产税法主要包括资源税法、房产税法、土地税法、车船税法、印花税法、契税法，以及环境保护税法等。财产税具有以下特征：（1）征税对象是特定财产；（2）为直接税，税负不易转嫁；（3）属于辅助性税种，大多为地方性税种，在功能上和所得税相辅相成。

第四节　金融调控法律制度

一、金融调控法概述

金融调控是宏观经济调控的一个非常重要的组成部分，它与财税调控、规划调控、投资调控、价格调控、产业调控等各种调控共同构成宏观调控的体系。为了实现宏观调控的目的，常常需要各种调控共同作用，相互协调，多管齐下。随着中国近年来经济发展中金融地位的日益突出，金融创新需求日益旺盛，金融调控在宏观经济调控中已处于核心地位，其调控职能、方式和效力，直接影响着国家宏观经济管理的质量和水平。

金融调控是金融调控当局（一般是指各国中央银行）根据确定的经济发展目标，运用货币政策工具，对货币供应量和信贷总量、结构的调节和控制，以实现总供给与总需求的平衡。金融调控离不开货币政策的制定和实施。货币政策包括金融调控当局为实现特定目标调节和控制货币供应量及处理货币事务的路线、方针、规范和措施等，它是一种宏观性、长期性、调节社会总需求的间接性经济措施。货币政策的制定和实施必须在法律框架内运作，这个法律框架就是金融调控法。

金融调控法是调整中央银行在调控货币供应量、利率等过程中发生的金融宏观调控关系的法律规范的总称。金融调控法律规范集中表现在一国的中央银行法之中。而各国金融调控法律所规定货币政策的工具，通常既包括存款准备金政策、再贴现政策、公开市场操作等一般性货币政策工具，也包括直接信用管理、间接信用管理、消费信用管理、证券市场信用管理等特殊货币政策工具。对于实施货币政策目标，各国法律多做出"稳定物价""维持充分就业"

"促进经济增长""保证国际收支平衡"的表述。

《中国人民银行法》是我国金融调控法的主要规范性文件。此外，在《商业银行法》《银行业监督管理法》中，为执行货币政策、防范和化解金融风险，维护金融稳定，对存贷利率、同业拆借、境外借款、系统性银行业风险等有相关规定；在《外汇管理条例》中，为执行货币政策、保持国际收支平衡，对人民币汇率和外汇市场调控也有相关规定。上述法律、法规也是我国金融调控法的表现形式。但从总体上说，中央银行法是金融调控法的核心。

二、货币政策与货币政策目标

中央银行作为发行的银行、政府的银行、银行的银行，其主要职能就是协助政府制订并贯彻货币政策。因此，货币政策是中央银行完成其任务和实现其职能的核心所在。

所谓货币政策，是指中央银行为实现特定的经济目标所采取的各种控制和调节货币供应量或信用量，进而影响宏观经济的方针、政策和措施的总称。货币政策起源于 20 世纪 30 年代，盛行于第二次世界大战后，现已成为各国中央银行对宏观经济进行调节的重要手段。货币政策的实质是正确处理经济发展和货币稳定的关系，使国民经济的有关指标通过货币机制的调控服从和服务于国民经济政策，并成为国民经济政策的重要组成部分。它在社会经济中扮演一个"制动器"的角色，与其他发挥驱动作用的宏观政策（如财政政策）相互牵制，从而保证经济持续、稳定、协调发展，为国民经济的发展创造一个良好的货币金融环境。正确制定和实施货币政策，是各国中央银行的重要职责。

根据多数学者的观点，中央银行货币政策所要达到的终极目标一般来说有四个，即稳定物价、充分就业、经济增长和国际收支平衡。

（一）稳定物价

所谓稳定物价，就是使一般物价水平在短期内不发生显著的或急剧的波动。物价的稳定会给经济增长创造一个良好的金融环境并提供稳定的货币尺度，从而促进经济的持续稳定增长；而经济的稳定增长又会给币值的稳定创造良好的物质基础。所以，各国都很重视币值的稳定。稳定物价成为世界上大多数国家政府的一个宏观经济调节目标，也是货币政策经常要突出的最终调节目标之一。

（二）充分就业

所谓充分就业，并非指一切有劳动能力的人全部就业，而是指将失业率控制在合理的范围内。同时，充分就业并不排除因不满意货币工资水平而不愿意就业的"自愿失业"和因季节性或技术性原因而临时失业的"摩擦性失业"。一般认为失业率（社会的失业人数与愿意就业的劳动力比率）在4%~5%以下即为充分就业。造成失业的原因很多，与中央银行货币政策有直接关系的，是由于货币供给不足而造成的失业率上升。中央银行运用货币政策为社会提供更多的就业机会，是社会公众和政府都关心的经济目标。

（三）经济增长

所谓经济增长，是指一国或一个地区在一定时期内产品与劳务的增加，一般有两种衡量方式：一种是一国或一地区在一定时期内所生产的商品和劳务的总量的增长，即国民生产总值（GNP）的增长；另一种是一国或一地区一定时期内生产商品和劳务的能力的增长，即国内生产总值（GDP）的增长。将经济增长作为货币政策目标，常与其他目标特别是稳定物价的目标发生矛盾甚至是冲突。尽管如此，促进经济增长，为经济增长提供货币的推动力，一直是中央银行货币政策目标的重要内容。

（四）国际收支平衡

所谓国际收支平衡，是指一国外汇收支相抵基本持平或者略有顺差或逆差。在当今社会经济中，一国国际收支状况与其国内货币供应量有着密切联系。如果国际收支顺差过大，就意味着国内货币供给增大，市场商品供给减少，对发展中国家来说，会加大物价上涨的压力；相反，如果国际收支逆差过大，也会造成国内资源浪费，并且还会造成本国货币对外贬值，造成国内市场不稳定。因此，中央银行必须尽可能地使国际收支保持平衡。国际收支平衡有静态平衡和动态平衡之分。国际收支的静态平衡是指短期内国际收支相抵达到平衡，一般以一年为一周期。国际收支的动态平衡，是指以经济实际运行可以实现平衡的一段时期为平衡周期，在该周期内达到国际收支平衡。如何兼顾国际收支的静态平衡和动态平衡，是值得中央银行研究的一个重要课题。

三、保障货币政策目标实现的金融调控法律制度

（一）存款准备金制度

存款准备金制度是指中央银行依据法律所赋予的权力，要求商业银行和其他金融机构按规定的比率在其吸收的存款总额中提取一定的金额缴存中央银行，并借以间接地对社会货币供应量进行控制的制度。提取的金额被称为存款准备金，准备金占存款总额的比率被称为存款准备率或存款准备金率。

存款准备金制度包括两个方面，一是法定准备金；二是超额准备金。法定准备金是以法律规定的形式缴存中央银行的存款准备金。其运作原理是中国人民银行通过调整存款准备金率，借以扩张或收缩商业银行的信贷能力，从而达到既定的货币政策目标；超额准备金是指银行为应付可能的提款所安排的除法定准备金之外的准备金，其特点是超额准备金是商业银行在中央银行的一部分资产。我国的超额准备金包括两个部分：一是存入中央银行的准备金；二是商业银行营运资金中的现金准备。前者主要用于银行间的结算和清算，以及用于补充现金准备，后者主要用于满足客户的现金需要。

（二）基准利率制度

利率是利息率的简称，是指一定时期内利息的金额与存入或贷出金额的比率，由资金的供求关系决定。我国的利率分三种：第一，中国人民银行对商业银行及其他金融机构的存、贷款利率，即基准利率，又称法定利率；第二，商业银行对企业和个人的存、贷款利率，称为商业银行利率；第三，金融市场的利率，称为市场利率。其中，基准利率是核心，它在整个金融市场和利率体系中处于关键地位、起决定作用，它的变化决定了其他各种利率的变化。

基准利率政策是中央银行的一项重要货币政策工具。当中央银行提高基准利率时，商业银行等金融机构筹措资金的成本增加，对中央银行的贷款需求降低，商业银行等就会到资金市场去寻求贷款。由于商业银行等筹措资金的成本加大，它对外贷款的利率必然提高，相应其客户的贷款数额就会减少。这样，社会货币供应量就会减少。相反，当中央银行降低基准利率时，商业银行等的贷款利率也会随之降低，贷款数额加大，货币供应量会相应增加。因此，基准利率直接影响金融机构存贷款活动的开展，进而影响整个社会的信贷总量。中央银行通过提高或降低基准利率中的贷款利率，可起到限制或扩张社会信贷规模的作用。

（三）再贴现制度

贴现是指票据持有人在票据到期日前，为融通资金而向银行或其他金融机构贴付一定利息的票据转让行为。通过贴现，持票人得到低于票面金额的资金，贴现银行及其他金融机构获得票据的所有权。

再贴现是商业银行及其他金融机构以买入的未到期的贴现票据向中央银行办理的再次贴现。从形式上看，再贴现与贴现并无区别，都是一种票据与信用相结合的融资方式。但从职能上看，再贴现是中央银行执行货币政策的重要手段之一，在再贴现过程中，中央银行根据执行货币政策的需要，买进商业银行等持有的未到期票据，让渡现实货币；商业银行等则为解决资金短缺而出让已贴现票据。所以，再贴现是商业银行及其他金融机构与中央银行之间的票据买卖和资金让渡的过程，是商业银行和其他金融机构向中央银行融通资金的重要方式。

此外，再贴现作为中央银行执行货币政策的重要工具之一，还可以起到扩张或收缩社会信用的作用。当中央银行需要收缩银根、抑制经济过快扩张时，就可提高再贴现率，使商业银行和其他金融机构向中央银行融资的成本提高，从而抑制信贷需求，减少货币供给；当中央银行需要放松银根、刺激经济发展时，就降低再贴现率，从而增加货币供给。另外，再贴现率可以影响市场利率，通过调整再贴现率，能及时将货币政策的意图传递给社会，并引导人们的投资、消费行为，推动货币政策目标的实现。在将再贴现率作为中央银行基准利率的国家，再贴现的作用尤为重要。

（四）再贷款制度

再贷款是指中央银行向商业银行的贷款。在西方国家，由于市场经济比较成熟，其信用工具票据化程度较高，因而其中央银行对金融机构放款主要采取再贴现方式。而我国由于票据市场发展较晚，市场狭小，种类不多，可用于向中央银行再贴现的票据也极为有限，所以再贷款就成为我国当前央行调节货币供应量和控制信贷规模的主要货币政策工具。

（五）公开市场操作制度

公开市场操作是指中央银行在金融市场上买卖有价证券和外汇的活动。它是中央银行的一项主要业务，是货币政策的一种基本工具。中央银行买进或卖出有价证券或外汇意味着进行基础货币的吞吐，可以达到增加或减少货币供应量的目的。同时，中央银行买卖国债，可以影响国债供求，影响国债利率，从而间接影响商业银行利率。目前，公开市场业务操作已经成为中央银行调节商业银行流动性的主要手段之一。

第五节　计划法律制度

一、计划法概述

计划法是确认国家宏观经济管理机关、社会经济主体和其他单位在计划管理体系中的法律地位，并调整它们之间在制定和实施国民经济和社会发展计划过程中发生的社会关系的法律规范的总称。国民经济和社会发展计划在其编制、审批、下达、执行、调整、检查和监督各个环节中，必然有各种国家机关、企事业单位等主体参加，他们之间因计划行为而必然形成多种多样的社会关系，这些社会关系可统称为计划关系，它们是计划法的调整对象。因此，计划法，简单地说，就是调整计划关系的法律规范的总称。

作为宏观调控法的一个有机组成部分，计划法具有以下作用：

首先，计划法规范政府的计划行为，防止和克服计划过程中的政府失灵现象。计划过程中的政府失灵可能源自：（1）政府（计划制订者或决策者）；（2）市场主体（计划的执行主体）；（3）市场本身发育的不健全或信息不畅；（4）不可抗力，如战争、自然灾害等。其中，政府作为计划的主要制订者或决策者（有时亦是计划的执行者）起着关键性作用。政府自身的缺陷是导致计划过程中政府失灵的最主要原因。

其次，通过对计划主体权限的设定，限制政府在计划过程中的成本扩张倾向。只有由法律设定政府机关计划之权限，才能实现对计划过程中政府成本扩张倾向的制约，避免计划执行低效率。

最后，通过计划程序的法定化，制约政府内的腐败行为。现代经济中的政府干预，由于某种意义上抑制了竞争，扩大了供求差额，易形成超额收入。在政府计划过程中某些特殊行业或部门因受政府计划保护，其收入超出正常的市场竞争条件下应得之份额，例如，当贷款利率低于通货膨胀率时，由政府计划提供的贷款就几乎等于"分配"资金。在这种情况下，如果计划的程序得不到法定化，缺乏透明度，则易使得那些有可能获得计划之利益的市场主体从事"寻租"行为。

二、计划实体法律制度

（一）确认政府计划机关法律地位的组织法

政府计划机关，是指在计划的制订、实施过程中，依据计划法享有计划职权，履行计划职责的国家机关。计划机关是特定的计划法主体。计划机关包括各级政府的行政决策机关和计划职能机关。由于国家行政机关中的计划职能机关是计划专门机关，在整个计划调控运作中具有举足轻重的地位，它是计划法律关系中最基本、最重要的主体。

政府计划机关的法律地位是由其法定职权体现出来的。而计划机关的职权又取决于国家经济体制的模式和计划的根本任务。在高度集中计划经济体制下，国家行政机关都在一定程度上执行着计划职能。随着社会主义市场经济体制的建立，计划机关的职能应由行政性转为法定性，并超脱于其他政府机关对经济管理的职能，以体现计划工作的宏观性、战略性和政策性，同时，还要保持国家计划对政府有关问题决策的影响，以保证计划宏观调控的有效实现。

（二）国民经济和社会发展计划法

国民经济和社会发展计划法，是计划实体法律制度的基础和核心。它主要规定国家在经济和社会发展方面的计划目标及其实现途径。具体说来，主要包括以下三方面的内容：

1. 国家计划调控目标制度

从根本上说，规定国家计划的目标的主要意义在于，尊重和适应经济和社会发展客观规律，通过"国家之手"对经济和社会发展进行积极而有效的干预，实现人与自然的和谐发展以及经济与社会的可持续发展。国家计划调控目标制度在国民经济和社会发展计划法中处于基础性地位，它不但涉及如何合理确定国民经济和社会发展的战略任务、宏观调控的目标以及产业政策，而且涉及如何搞好经济预测工作与合理规划基本经济结构、生产力布局、国土整治和重点项目建设等重大问题。对国家计划目标和任务作出法律规定，是实现计划功能的必然要求，对其他各项具体计划内容的制定和实施具有重要的指导意义。

2. 国家计划体系制度

国家计划体系是指从不同角度表述国家计划内容所组成的相互衔接、相互补充的有关国家计划的有机结合体。该制度的内容和前述国家计划的不同分类方法紧密联系在一起，如从国家计划的经济、社会内容角度看，则国家计划体系内容包括了社会总产品计划、国民收入计划、工业生产计划、农业生产计划、第三产业计划、固定资产投资计划、科学技术发展计划、综合财政计划、环境保护计划、城乡居民收入和消费水平计划以及人口计划等；而从国家计划的期限角度看，则国家计划体系又由长期计划、中期计划和短期计划所组成。事实上，每个类型的国家计划体系均从不同的侧面，按照不同的标准反映了国民经济和社会发展的计划目标以及实现条件等。

3. 国家计划指标体系制度

国家计划指标是国家计划的内容、目标和任务的量化结果，是对国家未来经济和社会发展的方向、目标、规模、速度、结构、比例、效益以及效率等总体性活动的特征和状况的数量界定。计划的各项指标之间相互联系、相互依存、相互作用，从而构成了一个完整的国家计划指标体系。建立科学的国家计划指标体系，对有效地定量地组织和管理国民经济和社会发展具有重要意义。

（三）产业政策法

产业政策法，是国家产业政策的法律化，其目的在于通过各种经济手段的综合运用，推进国家产业结构的调整，实现产业结构的优化，进而从供给角度促进国民经济总量的平衡。产业政策法是中央和地方各级政府贯彻国家产业政策的具体依据，它以国民经济和社会发展计划为基础，是就一定时期内国家总的优化产业结构的政策所进行的专门立法，包括综合立法和单项立法两个方面。

（四）经济稳定与增长促进法

经济稳定与增长促进法，以反经济周期、保障宏观经济稳定健康发展为宗旨，通过各种法律化的经济政策的综合调控，实现总体经济的平衡，以求在市场经济体制下促进经济持续稳定地增长，实现宏观经济发展的四大目标，即稳定物价、充分就业、经济增长和国际收支平衡。

三、计划程序法律制度

（一）计划的制订

计划的制订是国家计划机关按照计划法的规定确定国民经济和社会发展计划的目标和实施方案。国家计划在国民经济宏观调控中的重要地位，要求国家计划机关必须依照法定程序和规范加以制订。

（二）计划的实施

计划的实施，是计划制订的实际意义所在，是整个计划法律程序中最重要的一环。国家计划宏观调控体制改革的重要表现之一就是计划实施方式的变化。在计划经济体制下，国家主要通过指令性计划的强制约束以及对企业和有关单位的行政管理手段实施计划。在经济体制改革过程中，计划体制发生了重大变化。按现行有关法规规定，除国务院和省级政府计划部门直接下达的，或者授权有关部门下达的指令性计划以外，企业有权不执行任何部门下达的指令性计划。企业对缺乏应当由国家计划保证的能源、主要物资供应和运输条件的指令性计划，可以要求调整，计划下达部门不予调整的，企业可以不执行。计划的实施逐步由行政手段转为经济和法律手段为主的方式。

（三）计划的监督检查

计划的监督检查是在国民经济和社会发展计划的执行过程中，对执行单位完成计划的情况进行查看和督促，并指明存在的问题。计划的监督检查是职能部门和被检查单位对国家应尽的法定义务，是计划程序的重要组成部分。

计划监督检查的主要内容是：计划的制订和实施是否符合法定程序；计划的内容是否切合实际；保证计划执行的政策和措施是否落实及落实的情况；计划执行过程中是否有违法行为等。对指令性计划的执行情况，要严格检查，认真分析，及时发现问题，并向有关部门反映。对计划的监督和检查，计划执行情况如何，应以国家批准的计划和统计部门的统计数字为依据。

四、计划法律责任制度

（一）关于制订计划的责任

中央的和地方的计划机关（政府及计委），应当按照法定的权限和程序，及时地制订出科学的计划。政府或政府主管部门依照国务院规定统一对企业下达指令性计划，并要保证企业完成指令性计划所需的计划供应物资。企业所在地的县级以上地方政府应当提供企业所需的由地方计划管理的物资。对于因玩忽职守、弄虚作假、搞瞎指挥、违反法定权限和程序等主观原因导致计划严重失误的，应依法追究责任。

（二）关于执行计划的责任

作为计划的直接执行者的基层企业，必须把完成国家指令性计划放在工作的首位，同时也要努力执行国家指导性计划。企业由于自身的原因长期完不成国家计划任务、造成亏损的，要限期整顿，或者实行关、停、并、转；无法挽救的可依法宣告破产，同时对企业主要领导人和有关责任人员给予必要的处分。作为计划的组织执行者的各级人民政府，必须认真落实国家计划。对于严重失职以致未能完成国家计划，或者给国家和人民造成重大经济损失的，必须依法追究其责任。

第五章　经济法的生态文明转向
——循环经济法

　　生态文明是一种高级的文明形式，是与物质文明、精神文明、政治文明四位一体，相辅相成的，是一种全新的发展理念。建设生态文明必须要有法制作为保障。而循环经济法就是其保障，本章将围绕循环经济法与生态文明展开论述。

第一节　循环经济法的定义及其价值

一、循环经济及循环经济法

（一）循环经济

　　所谓循环经济，本质上是一种生态经济，它要求运用生态学规律而不是机械论规律来指导人类社会的经济活动。与传统经济相比，循环经济的不同之处在于：传统经济是一种由"资源—产品—污染排放"单向流动的线性经济，其特性是高开采、低利用，高排放。在这种经济中，人们高强度地把地球上的物质和能源提取出来，然后又把污染和废物大量地排放到水、空气和土壤中，对资源的利用是粗放的和一次性的，通过把资源持续不断地变成废物来实现经济的数量型增长。与此不同，循环经济倡导的是一种与环境和谐的经济发展模式。它要求把经济活动组成一个"资源—产品—再生资源"的反馈式流程，其特征是低开采、高利用、低排放。所有的物质和能源要能在这个不断进行的经济循环中得到合理和持久的利用，以把经济活动对自然环境的影响降低到尽可能小的程度。循环经济为工业化以来的传统经济转向可持续发展经济提供了战略性的理论范式，从而从根本上消解长期以来环境与发展之间的尖锐冲突。

（二）循环经济法的定义

不同的学者对循环经济法的定义有不同的观点。如陈泉生认为，"循环经济法旨在促进传统发展模式向循环经济发展模式的转变，实现人类社会的可持续发展，运用综合性的调整手段，如经济、环境、行政管理等来调节因循环经济活动所形成的各种社会关系的法律规范的总称。"① 孙佑海、张蕾提出："循环经济法指的是对人们在生产、流通、消费等领域，从事资源节约、综合利用、绿色消费等活动进行调整所产生的各种社会关系的法律规范的总称。循环经济法通过调整循环经济法律关系规范人的行为，达到协调资源环境和人类之间的关系、促进经济社会持续发展的目的。"②

结合以上观点，可以概括地对循环经济法做出以下理解：循环经济法是以调整循环经济活动为对象的各种法律法规的总和。它是国家在构建循环经济这样一种经济发展模式的过程中，指导、鼓励社会经济活动，并提供帮助和服务，促进社会经济往可持续发展的循环方向发展时产生的。根据对循环经济法定义的理解，可以知道，循环经济法并非某一项循环经济法规，而是指所有与循环经济相关的法规形成的比较完整的体系。

二、循环经济法的价值

（一）循环经济法的价值概述

1. 循环经济法的价值内涵

近些年来，发展经济和保护环境之间的矛盾日益突出，在面临着社会、经济和环境资源的可持续发展这"三座大山"的重压下，一些国家开始倡导可以同时解决"三座大山"问题的新的经济发展模式，循环经济在这种重压下应运而生。而在法治社会，对于循环经济的发展来说，循环经济法的保障和促进是必然趋势，也是推动这种新的经济模式能够顺利有效发展的必然要求。循环经济法的价值是属于法的价值的下一层次概念，因此循环经济法律制度具有法律制度所共有的价值要素和属性，同时还体现了循环经济法自身对社会需求的满足。要说明的是，循环经济法的价值体现的是人们对循环经济法本身存在的需求和对人们生活进行干涉调整过程中所反映出的关系。它是在人们对循环经济法进行认识、评价和反映的过程中，对法的价值和循环经济这二者从本质

---

① 陈泉生.循环经济法研究［M］.北京：中国环境科学出版社，2009：32.
② 孙佑海，张蕾.中国循环经济法论［M］.北京：科学出版社，2008：44-46.

上进行的概括，并将两者当作一个整体系统地发展，而不仅仅是简单地将两个概念叠加起来。

2. 循环经济法的价值属性

循环经济法价值不单具有主观性还具有客观性；并且其主观性和客观性之间具有统一性。

（1）循环经济法的价值具有主观性

首先，循环经济法的价值主体是人，它立足于人对循环经济的认识和实践活动。实践来源于意识，意识指导实践，人类为实现自己的目的，会寻找大量有利的外界资料，并将这些资料与其他事物相区分、标明。同时，根据有利程度，加以评估、判断这些资料的存在价值或价值属性。"价值"来源于人类意识的评价，它不可能脱离人的意识自由、完全地独立存在。由此可知，人的意识是对客观事物本能做出的主观反映，通过意识做出的判断会受到很多因素的影响，比如，知识水平、周边环境、喜好等等。因此，针对循环经济法价值的判断、理解和认识也存在一定的主观因素，受到时代、地域、社会关系的影响不同，得出的价值认识结论也就必然拥有一定的主观性。

其次，基于人们的迫切需要，使得循环经济法得以产生。生产力决定生产关系，生活水平和大环境的变化影响着人们对物质的需求。在丰富的物质世界，事物是否是人们所需要的，取决于它对人们有没有价值，而这种价值需求的判断，是在思维运转的过程中形成的。由于每个人的实践目的和想要达到的效果不同，进行思考、判断的标准也就不同。反过来说，人们受地域、时代等因素的影响，产生的认知不同，选择的需求不同，采取的行动就不同，得到的结果自然也会不同。可见，循环经济法的主体，即人，他们的需求存在主观性。

最后，生产力决定上层建筑，上层建筑反作用于生产力。循环经济法是时代的产物，是统治阶级为了更好地调整社会关系、稳定社会秩序的工具，体现了国家的意志。同时，该法是由人制定的，是思想意识的客观再现，它的存在、适用、修改以及体系的建立，都与人的主观能动性密切相关，离不开人的主观意识。也就是说，尽管社会物质条件决定了循环经济法制定的必要性，但它的表现形式和表达的程度受人们主观思维的影响，具有主观性。这就出现，同在同一时代的当今各国，制定的循环经济法在体系、内容等方面具有较大差异。这样的现状，受到物质、技术等客观因素的影响，但制定者和实施者的观念、喜好等主观意识起到的作用是不可否认的。因此，该法的价值客体也具有主观性。

总而言之，循环经济法的存在离不开人，人的主观能动性贯穿于循环经济法的制定、实施过程，必然导致循环经济法的价值存在主观性。

（2）循环经济法的价值具有客观性

第一，循环经济法依附的物质基础是客观的。虽然法律的制定需要发挥人的主观能动性，循环经济法具有主观性，但生产力决定生产关系，联系到循环经济法，生产力就是指制定该法的物质基础，生产关系就是该法所要调整的社会关系。物质水平是一个时代的客观表现，不受人们主观意识的控制、影响。民族、时代的经济发展基础是物质的直接积累，这些物质生产资料又促进了国家政治、宗教等的形成和发展。所以，从促进循环经济法制定的最原始的基础上分析，物质基础的客观性，决定了该法具有客观性。

第二，循环经济法的存在本身是具有客观性的。循环经济法一旦确立，无疑就是客观的。循环经济法的意识，虽然会受人的动机、情感、欲望、目的等主观活动的影响，导致其具有较大的主观性，但相关的意识产生形成后，就会由纯粹主观意识变成客观存在的规律。"一个物体之所以会有价值，最重要的并不是因为对于认识主体来说，它所带来的主观感受，而是该物本身所具有的为人所赞美的特质"①。对于循环经济法而言，它本身的存在、它的性质以及它的活动过程，都在于对循环经济活动进行调整所产生的社会关系。它有利于可持续发展的实现。循环经济法本身就已经具有"善"的特性和本质，所以，循环经济法的价值也就具有了客观性。

第三，人对循环经济法的需要，不论在产生还是发展的过程中，都是具有客观性的。"任何事物无论是什么东西，如果它能满足人们的需求，人们就会对其赋予价值，价值的大小则主要通过它们能够满足人们需求的多少而决定的。"② 循环经济法之所以具有价值，其原因在于，它能够满足作为价值主体的人的需要，并为人实现其自身的目的性而客观存在。而无论在哪个历史时期，人对法的需要，都和当时的客观物质条件有着密切的关系，也可以说是建立在现实的物质条件基础上。从需要的角度来看，人的需要本身就是客观的，所以，循环经济法是对作为主体的人的需要的效用的满足，而在这样的条件下构成的循环经济法及其价值，都是具有客观性的。

（3）循环经济法的价值的主观性与客观性具有统一性

在法学的历史上，围绕着法的价值，曾经有很多学者对其主观和客观两个方面进行了探究，并形成主观论与客观论这两个对立学派。法的价值既具有主

---

① ［美］霍尔姆斯·罗尔斯顿. 环境伦理学 大自然的价值以及人对大自然的义务［M］. 杨通进，译. 北京：中国社会科学出版社，2000：7.

② ［美］培里. 现代哲学倾向［M］. 傅统先，译. 北京：商务印书馆，1962：326.

观性，又具有客观性，这两者并不矛盾。法律的价值，通常对照着主体的需要，会因主体需要的变化而变化，以此作为基准。所以，法律的价值具有主观性，但是人们需要明确一点，主体的需要，不是无中生有的，而是需要结合客观规律的要求形成的，因此，法律的价值又是客观的。循环经济法的价值，首先以现有的社会物质条件为基础进行建立。当前，世界经济的主导模式仍然是传统的单程式经济模式，它的发展过程一方面给人们带来了大量的物质条件，但另一方面也带来了很严重的环境污染、资源浪费，这都不符合循环经济和可持续发展的理念。目前，很多发达国家已经逐渐开始向循环经济转变，因此，在不久的未来，循环经济将会成为经济发展的主要趋势，达到人类社会、环境资源和经济发展共同进步。其次，人们对循环经济法有自己的需要，但这些要求会随着社会物质生活的变化而发生改变，并且时刻接受人们的评价，以及随着社会的进步和发展而逐渐更新变化。

总之，循环经济法的价值主体（人）与价值客体（循环经济法）始终同时具有主观性与客观性，作为循环经济法价值的属性，这二者是不能分割的整体。故而循环经济法的价值的主观性与客观性具有统一性。

3. 循环经济法的价值表现

循环经济法的价值是循环经济法自身所具有的属性和品质，即内在的价值。有的事物自身就有善的特征，这类事物关于善的性质也就是其内在价值，或称之为内在善。因此，内在价值可以归于"什么是善的?"这一本原问题。它是作为满足人们需求的一项前提，具有独立普遍的特点。而从表面上的意义看，"善"和价值的概念可以被认为是类似的，一般情况下，如果有人提到某个事物具有一定的价值，也就意味着这个事物是偏向"好"的方面，类似于语文中褒义词的概念。通常，在主体与客体之间，主体的需要是客体要达到的目标，而客体则被要求满足主体的偏好，并且要求客体符合"善"的特点。循环经济法通常是以兼顾经济发展与环境资源保护为目标进行调整，因此，它要求能够适应当前经济发展，以及未来的长远经济发展，使得环境资源能够恢复和更新，甚至达到再生的持续发展。在循环经济法的保障下，能够切实有效地实行可持续发展，以及适合当前生态文明建设的要求。满足人们的物质需要，即吃喝住穿的基本物质需求，然后再满足人们的精神需要，达到对人类生存和发展过程中各种需要的满足。可见，循环经济法的功能和属性是使得经济、社会与环境资源得以可持续发展。它是循环经济法的内在价值，是循环经济法的"善"。法的内在价值，也就是循环经济法的应有之义，是循环经济法应当具备的价值，是循环经济法自身的、内在的善。所以，循环经济法具有的善，是循环经济法内在价值的具体表现。

有的事物自身是没有善的特点的，但所有事物之间都不是孤立的，而是相互联系的，这样"不善"的事物，必定会和一些"善"的事物有着各种各样的联系，这类事物与善事物之间的关系，就是一种外在的价值。外在的价值通常具有一定的特殊性，并且，这两类事物之间通常还会存在着相互依存的关系。因此，对于外在的价值，研究的最终目标可以归纳为"我们应该怎么做?"之类的问题。循环经济法所要实现、促进和追求的价值组成了循环经济法常见的外在价值。

循环经济法的内在价值和外在价值具有较强的统一性。目前循环经济已经逐渐被大家所接受，被认为是一种重要的生态经济发展模式，也是今后社会经济发展的最终趋势。循环经济法作为调整相应的经济活动，及其产生的各种社会关系之间的法律规范总称，有利于人们发展社会经济的同时，兼顾良好生态环境的维持。循环经济法能够满足人们对环境保护以及经济发展的需求，在具体的实施过程中，循环经济法能够满足人们的基本需求，对人们的行为规范以及未来的经济社会发展、环境保护都具有重大的意义。循环经济法在立法、守法、司法和执法过程中所要实现、促进和追求的价值就是循环经济法的外在价值，在这一实现过程中，自然环境资源也得以更新和再生，自然界的生态规律得到尊重，可持续发展可以逐渐实现。如果循环经济没有相关的价值，或者在执行法律的过程中不能有效地解决环境污染和经济发展之间的问题，那么就不能达到循环经济法的最基本效用，那么其存在的基本意义也就大打折扣。此外，缺乏实际意义的循环经济法不但没有可以进行评价的标准，而且难以为人们所认识。循环经济法只有兼具内在价值和外在价值这二者，它的价值和意义才是健全的，才能解决环境污染和经济发展这一系列问题和矛盾，并且表现出循环经济的积极效用。因此，内在价值和外在价值的统一是循环经济法的价值表现。价值分为内在价值和外在价值，循环经济法的基础和前提是其自身所具有的价值，也就是循环经济法的内在价值;同时，循环经济法又有它要达成和追求的目标——循环经济法的外在价值。循环经济法的内在价值服务于循环经济法的外在价值，是循环经济法外在价值的评判标准，当然，其内在价值也随时随地接受着外在价值的各种考验。

(二) 循环经济法的价值内容

法的价值通常是有具体意义的，而且具有多元的特性，随着人类社会发展到越来越高级的阶段，社会制度和法律规范也越来越复杂，最终逐渐形成了具有各种功能的法律部门。一方面，循环经济法的法律制度有其特殊性，与其他的法律制度的价值取向自然也不同。另一方面，由于我国的社会性质和基本国情与国外有着本质的差别。因此，我国的循环经济法律体系制度的价值取向，与国外有很大的区别，在研究时不能一概而论。对于循环经济法律制度的基本价值，以及这些价值中包含的具体内涵，需要人们认真研究，掌握循环经济法律的本质，才能真正对其有深入的认识。

1. 循环经济法追求生态效率

效率本是经济学上的概念，指的是在给定投入和技术的条件下，尽可能地减少对经济资源的浪费，对资源做最大可能性满足程度的利用。这一概念从经济学领域进入到法学领域是从 20 世纪 60 年代在美国形成的经济分析法学开始的。1960 年，罗纳德·哈利·科斯（Ronald Harry Coase）的《社会成本问题》发表于芝加哥大学的《法律与经济学杂志》。他用交易成本理论分析法律制度对资源配置的影响，从而得出法律的内在经济逻辑，该结论后被称为"科斯定理"。运用到法律分析中，集中到一点实质上就是法律制度的基本价值取向在于效率的高低。法的效率价值，通常是指法能够使人们用尽可能少的投入得到尽可能多的产出，以满足人类社会对效率的需求[①]。在当今社会，法律都有着其内在的经济内涵和逻辑关系，最本质的就是通过利用有效的方式提高生产效率，并按照规章制度对资源进行优化配置。由于经济发展导致了比较严重的环境问题和资源紧缺的问题，在研究和发展循环经济法学时运用经济学的成本—效益分析方法，反映成本与产出关系的效率价值，成为制定和完善循环经济法的基本要求之一。效率是循环经济法的核心价值之一，循环经济法又赋予其生态化的内涵，所以又被称为生态效率。

任何资源的供给在一定时期内都是有限的，生态效率价值主要是为了解决人们日益增长的物质需求和有限的环境资源之间的矛盾而逐渐产生出来的。人类对改善生活的需要是无止境的，满足一种需要后，新的需要随之应运而生。1992 年，在《改变航向》中，第一次提到了生态效率的概念，即提供有价格竞争优势的既能满足人类需求又能保证生活质量的产品或服务，同时逐步降低资源消耗强度和对生态的影响，使之与地球的承载能力相一致。根据生态效率的要求，可以将其拆分为两个层面的内涵：一是资源投入量小于或等于原来的资源投入量；二是不改变甚至增加经济产出的状态下，减少对外的废弃物排放量。

但长期以来，我们主要依靠"资源—生产—消费—废弃物排放"这一单向流动的模式。在这种传统的经济发展模式中，产品的高产出通常是需要大量的资源投入，例如钢铁行业在生产过程中需要大量的化石能源投入，以支持后

---

① 卓泽渊. 法的价值论［M］. 北京：法律出版社，1999：203-206.

续的生产过程能够顺利进行。由于这种粗放的经济发展模式，导致了严重的环境污染问题。另一方面，经济的增长通常是需要中间环节的高消费措施来拉动的，但这样的高消费模式通常会产生很多的浪费，因此，这种资源利用的方式导致了经济效率非常低下，浪费了很多能源，而这些能源往往是不可再生的能源。当前，人们普遍在思考一个问题，即如何利用有限的资源来满足人们不断增长的需要。而这种情况下，循环经济作为符合生态效率价值的模式逐渐被人们认可，并且终将为更多的人所采纳。循环经济，是一种倡导"资源—产品—消费—废弃物—再生资源"的资源利用模式，这是一个闭环的物质流动，减少环境资源投入而获得同等或较大产出。循环经济要求在生产源头上减少投入，并且不能影响到正常的生产经营活动；在消费过程中，要节约和反复使用产品、包装物等，避免它们过早地转化为废弃物。当完成其使用功能后，要将过去视为废弃物的物品转化成可利用的资源，再次投入到生产活动中。也就是说这些具有再利用价值的材料在完成了其正常使用的功能后，不能直接认为它们就是废品了，而是一种可以再利用和再循环的原材料，能够再次投入到生产和消费活动中。但目前来看，大多数人还缺乏再循环再利用的理念，不会主动完成这个过程，因此，循环经济的实现以及提高材料循环的效率，急切需要有一个完善和全面的法规制度，进行强有效的保障，提高循环经济运行的效率，进而提升整个社会各行业的生产力。

生态效率是循环经济法的核心价值。生态效率价值最根本的要求在于提高环境资源的配置和利用。基于我国目前的基本国情和社会现状，我国资源总量很大，但人均占有量却很小，不到世界人均占有量的平均值，有限的资源和巨大的发展需求量形成了巨大的矛盾，使得循环经济的发展理念十分重要，要想适应未来的发展，应对中国目前经济"新常态"，就必须要克服环境资源对经济发展的约束，改变粗放型经济发展模式，减少资源消耗量，增加各行业的生产效率，实现经济增长和环境保护共赢的效果。循环经济法以其特有的方式和要求，依据经济分析法学提出的效益原理，对权利和义务进行适当地分配，让生态效率在循环经济法中发挥最大的效用。循环经济法积极鼓励经济活动的实践者，通过不断改善生产工艺，提高生产效率，减少资源和能源的消耗量，达到以较小的社会生产资料投入获得更多的商品，并且减少生产过程中不必要的浪费；同时以法律责任的形式来抑制和制裁低效率且对环境造成破坏和资源造成浪费的经济活动。从本质上说，循环经济法保障和追求生态效率的提高，是为了解决人类逐渐增长的物质文化需求与有限的环境资源之间的矛盾。人类的生活和发展离不开经济的发展，也离不开自然环境资源。因此，提高资源循环利用率，减少污染物排放，是人类社会与经济发展以及环境可持续的必然要求。

2. 循环经济法追求环境正义

正义，又常称为公平，或者是公正。法律是一个国家用来维持国家安定的一种基本形式，也是国家实现正义的有效手段。博登海默（Bodenheimer）说过，"正义有着一张普洛透斯的脸，变幻无常，并具有极不相同的面貌。"[①] 正义作为人的追求目标，始终"是一个会根据社会的发展变化，进而发展变化的历史范畴"。[②] 而当代社会环境所遭遇的毁灭性破坏赋予了正义新的内涵，即环境正义。维护环境正义也就成为循环经济法的基本价值。环境正义的概念，最早是在美国出现的，伴随着环境正义理念的推广和环境正义运动的深入发展，环境正义的内容也越来越丰富。环境正义，主要有以下三方面的核心内容：第一，代内公平，指的是同一代之间的所有人，不论种族、性别、国籍等众多方面存在多么大的差异，都能平等地享有利用相同环境资源的权利。也就是说，所有人都有着得到相同的生存和发展的基本权利。第二，代际公平。这个观点，是在 20 世纪由美国的国际环境法学家爱蒂丝·布朗·魏伊丝（edith brown weiess）在《公平地对待未来人类》中首次提及。代际公平是面向未来的，其内涵是指各世代之间，都有保证其留给子孙后代的自然资源，并不比当前状态下的资源量少的义务。这就引出代际公平具有保护选择、保护质量和保护获取这三方面的基本原则。[③] 保护选择原则，就是指当代人应当在保持自己的需求正常合理的条件下，为我们的后代也留下足够他们发展和需要的资源量，在发展经济的同时保护环境、节约资源并保护文化资源的多样性，使后代人享有不少于前代人的多样性权利，以避免后代人在解决他们的问题和满足他们的价值时可选择的范围受到不适当地限制。保护质量原则，指每一代人都应保持地球生态环境质量，传递给下代人时的状况不应比他们从前代人手里接过来时差。保护获取原则，指每一代人都应对其成员提供平等的接触和使用前代人遗产的权利。第三，种际公平。是指在地球上，人类作为众多种族中的一种，虽然创造了大量的财富，形成了物质社会，但不能以此剥夺其他物种的正常平等的权利。人与自然不平等的关系，会让环境逐渐被破坏殆尽，最终资源耗竭，人类也无法正常生存下来，造成了自我灭亡。所以我们应当超越人类中心主义，实现人与自然的协调发展[④]。也就是说，环境正义要求每一代人都应

---

① ［美］博登海默. 法理学—法哲学及其方法［M］. 邓正来，译. 北京：中国政法大学出版社，2004：261.

② 谢鹏程. 基本法律价值［M］. 济南：山东人民出版社，2000：57.

③ ［美］爱蒂丝·布朗·魏伊丝. 公平地对待未来人类：国际法、共同遗产与世代间衡平［M］. 汪劲，译. 北京：法律出版社，2000：41-42.

④ 曹明德. 生态法原理［M］. 北京：人民出版社，2002：205.

将保护环境资源以及可持续发展，作为自己的权利和义务。

在社会发展过程中，循环经济法不光要解决环境污染和经济发展的问题，还应该表现出它所具有的环境正义。环境正义也是实现循环经济价值的一个重要标志之一。环境正义，不仅要求在当代人中做到公平正义，在资源拥有和物质需求上得到公平的对待，并且还要求为后代人保留同样能享受到这样的公平待遇的机会，达到人与自然的和谐发展。循环经济是建立在人们尊重自然规律的基础之上的，在维持地球资源总量的同时，对后代人的福利也要加以保护。对废物的处置，是循环经济产生的直接原因之一，符合减量化、再利用和资源化原则的行为是对该问题的有效解决方式，这就意味着我们在经济和技术上必须实现其可行性。而为实现这一目标，必然要解决公平问题，具体来说就是成本的承担、资源的分配等问题。同时，为了环境正义的实现，要求循环经济法在制度设计中考虑到公平价值的实现，在法律方面提供足够的保障，推动循环经济的进程。循环经济法以实现环境正义为最终的目的，最大限度地减少资源浪费，提高资源利用率，寻求社会、经济与资源的可持续发展。

"为了能够比较公平地满足后代的人们拥有足够的环境资源和发展经济的需求，需要当代人在经济发展过程中兼顾环境的保护，而不是一味地索取环境资源。"① 这种发展，必须是能够实现经济与环境资源稳步前进，达到可持续发展状态的生态经济发展新模式。从公平的角度来看，自然环境是人类生存以及发展的必备基础，为保障生存和发展的权利，它对每一个社会成员提供了平等的物质和能量。如果当代人持续无节制地开发和利用现有的环境资源，人类就将会如同在封闭的宇宙飞船上，飞船中的所有物质就是人类能利用的所有物质，无法从飞船之外的环境获取物质或者是进行物质交换。因为飞船上的资源总量是一定的，不会增加也不会减少，所以如果人类长期保持着不合理的资源利用方式，就会导致飞船上有限的资源逐渐减少，最终导致人类走向灭亡之路。所以，循环经济所提倡的环境资源节约、高效、循环地使用，是实现可持续发展的必然要求之一，也是未来经济发展的大势所趋。在现实生活中，如果一个企业只为了追求自己的利益最大化，毫无节制地开发和利用资源，消耗大量的能源物质，生产过程中向环境排放大量的污染物，导致社会资源受到破坏，给环境带来巨大的压力，那么，这样只顾及自身利益的企业最终会被同行业所淘汰；如果这个企业在得到利益的同时，能够主动承担起它自身的环境污染物排放以及资源减少等后果，那么这可以看作是公平的。但经济活动的外部性理论表明，环境遭受的不利影响，一般是由全社会成员平均且共同地分担。

---

① 张梓太，陈泉生. 宪法与行政法的生态化 [M]. 北京：法律出版社，2001：135.

因此，其他社会成员更多地承担着环境污染等不利影响，而造成环境不利影响的企业却更多地享受到了利益，这显然是不公平的。同样，发达国家为保护本国的环境，将高污染行业转移到发展中国家来，一方面可以把自己国内的污染物排放到发展中国家，减少本国的污染物排放量，保护本国的环境，另一方面，还能利用发展中国家较低的人力成本，为自己的企业创造更多的财富。但这样的结果，对发展中国家显然十分不利，既污染了环境，又使得本国的企业因为发达国家先进的技术而受到压制和竞争，不利于本国企业的发展。因此，这种行为是十分不公平的。环境正义是没有国界的，而循环经济法则是属于国内法，它只能规范和引导本国的生产者和消费者的行为符合循环经济思想，满足本国国民对环境公平的需要。当然，我们也期望能通过对本国公民的经济行为和环境行为进行明文规定和限制，感染其他还没有推广循环经济的国家，使其关注循环经济可持续发展的功能。而我们在追求代内公平和代际公平实现的同时，应当制定的是符合规律的循环经济法，既要合乎社会经济规律也要合乎自然生态规律。人们进行经济活动的同时遵循可持续发展的理念，有助于人类和地球上的其他物种之间能够平等相处，能够与大自然和谐相处，即种际公平能够实现。

循环经济法拥有环境正义的价值，它通过完善代内人的经济活动，让人们的思维从传统的思想转变为循环经济的思想，使之与环境正义的基本要求相契合，逐一地实现代内人之间的环境公平，代际人之间的环境公平，以及人与自然之间的种际公平。

3. 循环经济法追求生态安全

美国一位心理学家叫亚伯拉罕·马斯洛（Abraham Harold Maslow），他曾经把人的需求，按照先后关系分为五个层次，依次是生理需求、安全需求、社会需求、尊重需求，以及自我实现需求。在人的生理需求得到最低限度满足后，就会追求上一层次的需求，即安全需求。所以，安全是人的基本需求之一。安全这个概念，反映的不仅是人所处的客观状态，还有人主观上的追求。在法治社会，"如果法律秩序不表现为一种安全的秩序，那么它根本就不能算是法律"①。

随着人口的急剧增加，资源的日益减少，能源濒临枯竭，废弃物污染物的大量排放，环境不断的恶化。在这种情况下，人类对于自己生存和发展的空间更加需要有一个稳定安全的环境。因此，生态安全是人的基本要求，也是与自

① ［美］博登海默. 法理学—法哲学及其方法 ［M］. 邓正来，译. 北京：中国政法大学出版社，2004：215.

然和谐的一项重要标准，所以，在循环经济法中，生态安全价值是十分重要的。生态安全主要反映了存在于人类社会周边的各种天然物质和能量对人类的生存和发展的安全程度以及风险大小产生的直接或间接的影响。主观上，只有当人认为现阶段自己所处的环境是安全可靠的，才会有更高层次的追求，生态安全是人对自然安全感的满足，是一种主观感觉；客观上，生态安全指向的是人类与资源环境之间，在构成上必须具有的实质是确定的、持续的，在客观需求上具有一致性。社会的发展长期建立于"高开采、低利用、高排放"的粗放型经济发展模式下，使得环境污染日益严峻，生态破坏也在日益加重①。国家必须投入巨额的成本来治理环境污染的恶果，而能源短缺业已成为制约我国经济增长的最大阻力之一。这两类问题是当代生态安全亟待解决的首要问题，也是循环经济产生的根本原因。

伴随着人类的发展，人类的需要和欲望都会不断增加，而传统的经济发展模式，会对生态安全造成很大的影响，对环境的可持续发展造成严重的破坏。如果不对此进行转变，积极保护国家的生态安全，那么人类将面临的极有可能是经济系统的全面崩溃，进而社会危机将被全面引发。另外，生态问题也是具有世界普遍性的一个重要的问题，在国与国之间，一个国家的生态安全可能会对其他国家产生一定的影响。因而，如果不处理好生态问题，那么可能会引发国家间的冲突，从而危及国家安全。

循环经济，是通过实现人类经济、社会，以及资源的可持续发展为最终目标的一种生态经济方式，通过资源的循环利用以减少对资源的浪费。所以，循环经济是一种实现生态安全的重要经济模式。而作为循环经济法的价值，生态安全则遍布于循环经济法的各个方面。首先，立法者通常会依据循环经济各项活动中不以人的意志为转移的规则，来进行循环经济法的制定。因此，循环经济法必定是符合循环经济各项活动的规律，逐渐完善形成的规范要求。在一定意义上，法本身是为建立和维护某种秩序建立起来的，任何法都追求并保持社会一定程度的有序状态。而循环经济法维护和保障的是人类社会与自然环境的稳定和有序状态，因此，循环经济法能够实现生态安全价值。其次，由于经济活动的负外部性，使得生态安全会受到威胁。循环经济法通过控制人们的经济行为，强制或鼓励人们去理解循环经济并适应循环经济，要求在经济发展与环境资源利用之间形成良性的循环，并运用"3R"的原则，削弱甚至完全去除经济的负外部性，实现生态安全的价值。

---

① 周珂. 论国家生态安全法律问题 [J]. 江海学刊, 2003 (1)：116.

4. 循环经济法追求经济自由

自由主要可以分为两个部分，一部分是能够不受到其他人的强迫和束缚；另一部分是可以凭借自己的意志行动，实现自我支配。经济自由促使生产力得到解放、发展，最终带来了物质生活的极大丰富和人类社会的飞速发展。实践证明，必须抛弃传统的依靠消耗资源来求取经济发展的不可持续的发展模式。为此，国际社会及专家学者们，提出了下面的三种发展模式：

（1）罗马俱乐部在《增长的极限》中提出的"零增长理论"，这实际上是一种理论上的状态，又称为稳定状态理论，经济发展的实际增长速度为零，进而让总量保持相对稳定的状态。但在实际生活中，人们需要依赖自然资源来求取发展，这种需求甚至是无止境的，导致地球的实际总量一直处于减小的趋势。

（2）另一方面，泽伊（Zey）提出的"超高速发展理论"，则正好与"零增长理论"处于对立面，可以说这一发展理论对于我们所处的社会现状的认识过于乐观，理解事物的实际情况不够理智。这个理论认为，经济社会发展到一定程度后，先进的科学技术可以解决各种各样的生态环境问题。

（3）世界环境与发展大会报告上提出的"可持续发展理论"。

不论是"零增长理论"，还是"超高速增长理论"，都只是把目光放在经济发展与生态环境之间存在的对立与冲突上，将经济发展与生态环境对立起来看待。此外，在认识论上还存在局限性。二者都没有超出传统发展观的局限性，因为它们或者是只关注人类的利益，把经济增长当作衡量发展的唯一标准；或者是只关注生态环境利益，对经济发展弃之如敝履。因这两种发展理论在认识和评价的标准上都具有一定的缺陷，所以，这两种发展理论都没有真正的解决环境污染和经济发展之间的矛盾。但与此不同的是，可持续发展理论是集中了两种理论认识的长处，分别选取了"零增长理论"中对资源有限的认识，以及"超高速发展理论"中科学技术的进步对资源利用效率的改进的观点，将两部分有机地融合在一起。它所追求的目标是：既能满足当代人在正常发展中对环境的需求，同时还要求做到保护环境和节约有限的自然资源。因此，可持续发展理论，更多地关注经济活动过程中的生态合理性，用经济、社会、环境、资源、人口等众多的指标来衡量其发展。这种发展观要求在考虑当代人利益的同时，还要考虑到下一代人的正常需求和利益，做到人与自然的和谐发展。循环经济法，作为符合可持续发展理念的一种法律制度，主要目的在于调整经济活动中各种各样的社会关系，并通过不断完善的制度来促进人们形成循环经济的意识，保障人们经济自由的实现。循环经济法对符合循环经济的行为予以确认和保护其经济自由，对不符合循环经济思想的行为予以控制，但这种控制需要有明确的规定，而不能随意剥夺人们正常的利益和自由。因为法律是保障，而不是压制自由的工具。

第二节　循环经济法与生态文明建设的密切关系

一、循环经济法调整生态文明建设

传统的生产模式和消费方式已经超出自然环境的可承受限度，逐渐显现出影响社会经济发展的各种不利因素，且呈日益恶化的态势。矿产及原油资源枯竭、水域污染、温室效应、土地荒漠化等危机，严重干扰了人们的正常生产生活。而在某种程度上，这些生态失衡的结果与传统的生产模式和消费方式有密切的关联。生态危机处处紧逼人们的生活，要想重新构建科学的发展理念，必须从简单的"先发展经济，后治理污染"的线性经济模式，转变为自然、经济、社会协调发展的循环经济模式，在保持经济高速增长的同时，确保环境安全和社会稳定，构建生态文明社会。然而，目前的法律基本上形成于传统的工业经济和市场经济的思维基础，偏重于支持经济增长而非完全意义上的经济发展。为最大限度地获取私利，大多数企业只计算经济成本，而把由于生态破坏和环境污染造成的社会成本转嫁给全社会。很显然，传统的经济法很少考虑生产和消费的负外部性问题，其部分设计思想和理念不符合社会可持续发展的要求。而且，由于国民素质参差不齐，以道德教化的方式来规劝人的行为不仅显得力不从心，而且将旷日持久。因此，面对刻不容缓的生态危机，必须发挥循环经济法的效用，以法律的力量来强制约束个人和集团的生产和生活行为，在法律制度构架下来解决各利益主体的责权利问题、利益分配问题、效率与公平问题，从而改变他们原有的价值目标和价值选择，尽可能让可持续性发展贯穿到整个经济发展当中来，加快生态文明建设。除此之外，循环经济法的建立很大程度上保障了自然系统的正常运转，维护个人和法人生态方面的权利。个人和法人作为更加完美的"经济理性人"，他们将拿起法律武器，自觉地保护自己的生产、生活环境。因为，权利一经界定，除去法权意义上的保护外，更重要的是体现经济权，即权利成为可用于市场交易的商品。具体到循环经济，表现为环境、资源都是有价格的，都可以用市场来定价，出售资源和环境意味着获取利益，购买资源和环境意味着支付成本。从宏观上来看，资源的高效使用所带来的经济收益是非常可观的，因此国家、政府以及个体都应当全力地投入资源的循环使用，减少或防止废弃物的产生，并运用市场的方法解决种类环境纠纷，这样可以节省大量交易费用，完成社会整体发展的"帕累托改进"，使得社会经济结构得到改善，增加经济收益率。由此可以看出，循环经济不仅仅为民众的生活环境提升了档次，保护了生态系统的平衡发展，还推动了社会经济发展。因此，循环经济的发展在整体社会发展中占据重要的地位，是当代生态文明建设的基础。

二、循环经济法引导生态文明建设

生态文明发展始终贯彻绿色、循环、低碳的可持续性理念。社会发展的基本要求是高效循环利用资源，经济的发展与环境、生态相协调，在节约环保、低碳消费的理念下，建立一个全新的经济产业发展格局。因此，作为生态文明建设的基本途径之一，发展循环经济涉及清洁生产、绿色消费、能源的综合利用、回收和再循环、资源重复利用和替代技术等方面。这些活动都是紧密相连的，并且操作系统十分烦琐，这就要求在执行过程中更加严密、精准，排除一些任意性、独断性的功能。所以，需要针对循环经济制定专门的法律法规，政策法律体系的建立有助于明确循环经济的管理体制以及运行机制，对循环经济活动进行监督。借助于循环经济法体系的建立，能够有效引导经济循环发展，对一些组织原则、权限职责进行明确的规定，对于循环经济的发展方向、投资项目以及全面评估有一个清晰的指导作用。循环经济法律体系的建立，不仅仅是对国家法律制度的完善，对经济发展过程中的细微事务进行明确规定，还能起到对循环经济工作开展实施的具体化、程序化的作用等等。除此之外，法律法规的制定对循环经济发展过程中出现的矛盾还可以进行调节，同时还使得国家为循环经济所建立的奖罚制度以法的形式落实，使人们的生产生活行为得以规范，对我国循环经济的快速发展将起到有效的促进作用，从而推动生态文明的建设。

第三节 循环经济法在生态文明建设中的巨大价值

一、循环经济法有利于促进生态文明的建设

法律是人的行为规则，而人的行为可以划分为对人的行为与对自然的行为，通过人对人的行为形成的是人与人的关系，通过人对自然的行为形成的是

人与自然的关系；而法律不但可以规定人对人的行为，还可以规定人对自然的行为，所以法律既能够调整人和人的关系，也能够调整人和自然的关系。人的经济行为，主要是指人在参与经济活动中，与法律规范建立了一定的内在联系，要求人遵循法律的要求进行正常合法的经济活动，并且最终达到特定的目的，通常是经济方面的目的。而人的环境行为指的是人所从事的能够影响和作用于环境的行为或活动，而生态文明建设活动大都是与生态环境资源相关的行为。循环经济法不但规定了人的经济行为，而且规定了人在进行经济行为的过程中也要进行保护环境资源的环境行为，所以循环经济法不仅调整人与人的关系，还调整人与自然的关系。循环经济法通过变更或者规制人对人、人对自然的行为规则，维护人与自然的利益、状态，达到调整人和人、人和自然的关系，促进人类社会逐渐进入可持续发展的状态。纵观人类发展观念的演变，在出现生态文明观念之前，先后经历过原始文明、农业文明和工业文明，这些发展观对如何实现发展在当时都做了有益的探索，但它们或只关注人与自然的关系，或只关注人与人的关系，始终没有正确解决自然和社会的辩证关系，所以导致人与自然、人与人的关系不断恶化的后果。因为循环经济法是社会文明的重要组成部分，它会随着社会文明的发展而发展，所以工业文明向生态文明的转变必然会在循环经济法中体现，也就是说，在人类社会中逐渐确立生态文明的过程中，传统的法律观念也会以其为导向进行深刻的反思和重构，再以崭新的符合生态文明时代要求的生态化的法律思想表现出来。循环经济法是工业文明向生态文明发展的产物，是法律对社会经济生态化的响应。在工业文明时期，社会发展以"人类中心主义"为基础，仅把自然环境当作人类财产权的对象来看待，故而为片面追求经济发展，忽略对自然环境的保护，造成了自然的失衡和资源的枯竭，产生生态危机。随之，在全球范围内渐渐兴起了一场从工业革命转向生态文明的变革，这不仅是从人类中心主义转向可持续发展的思想观念的转变，而且是人类社会经济、政治和社会结构的改变，而这所有的变革最终都须通过法律制度来反映。这就需要循环经济法这一符合可持续发展理念的法律制度来回应社会需要，以促进生态文明建设。因此，循环经济法必定会在建设生态文明中发挥积极作用。循环经济法是中国改变经济增长方式的必然要求，也是建设美丽中国的法律回应。中国在改革开放的四十多年里，经济上取得了十分巨大的成就，但消耗了大量不可再生资源，并且也伴随着巨大的环境污染，例如生态破坏、资源短缺等问题，这些反过来又制约着经济的发展。我国政府之前就提出了生态文明建设，而作为基本的、具有普遍约束力的行为规范，循环经济法对社会需要做出积极回应，为转变经济增长方式提供制度支撑。

二、循环经济法有利于保障生态文明的建设

首先，生态文明是一种人与自然的关系，需要人类转变传统的粗放型经济发展模式的思维观念。正是因为这种价值观的转变，我们需要对传统的法律立法有一个全新的认识，以及对相关的制度和规则进行改进，而循环经济法就是反思和更新后的产物，对生态文明建设的保障是其应有之义。有效进行生态文明建设的前提是要有法可依，而循环经济法要解决的问题正是如何建设生态文明。循环经济法以其兼顾环境资源保护和经济发展的本质和内涵，不仅为我国建设生态文明提供了法律依据，而且可以对生态文明建设的法律地位产生影响。

其次，循环经济可以看作是一种新的经济发展形态，是人们对过去粗放型经济发展模式的一种改进，避免粗放型经济发展模式继续污染环境，以及浪费大量环境资源，这就需要人们更新自己的世界观和认识，去除传统的粗放经济发展模式，转而用循环经济的思维方式来认识和看待一切。而将这一思维的转变迁移到循环经济法的构建中去，有利于更好地体现人与自然一体化的生态思想，并能够更好地调整人与自然的关系。

一般而言，因为法律固有的保守性、滞后性，对于任何改变现行法律秩序的新的政治、经济、文化和社会变革，都会产生极大的障碍和阻力。作为一种新兴的文明形态，如果生态文明建设能够在现行法律框架内进行，那么它将得到现行法律制度的维护、支持和保障。如果生态文明建设企图冲破或者已经超越现行法律框架，那么它将受到现行法律的限制和约束。即只有得到法律的支持和维护，生态文明建设才能顺利进行①。从另一方面来看，法律随着社会的发展而不断发展变化，其稳定性也是相对的。通过循环经济法这一法律变革可以加快和保障生态文明建设这一社会变革，通过循环经济法可以否定某些固有的行动方式（如浪费资源、破坏环境的行为），有效调整和控制某些社会活动。

最后，生态文明就其本身来看，包含的制度文明是需要通过循环经济法进行保障的。一个没有健全规范体系的法制，是无法建成真正的生态文明社会的，或者说这样的生态文明是不完整的，它所获得的成果也很难长久地保存并流传下来，更不用说能为未来的经济、社会等做出什么贡献。作为生态文明的必然组成部分，循环经济法是生态文明建设法律保障体系的先驱立法，因此，循环经济法作为生态文明建设的重要保障，对于我国在生产发展和社会进步中

---

① 蔡守秋. 生态文明建设的法律和制度［M］. 北京：中国法制出版社，2017：29.

出现的生态难题，能够以一种规范调整的方式来解决。同时，循环经济的发展将逐渐被人们接受，保护好环境资源，建设出法制健全的经济社会，为早日实现中华民族伟大复兴的"中国梦"奠定重要的基础。

三、循环经济法有利于激励生态文明建设

推进生态文明建设，光靠政府的强制性行政措施只能是暂时性的一种手段，要成为常态性机制，就需要一套有效的激励机制予以支持，通过这种激励机制和相配套的惩罚措施来提高和促进各个行业的积极性，鼓励大家走由循环经济通往生态文明的道路。循环经济法通过运用不同的经济手段，制定符合生态文明的产业政策、价格政策、消费政策以及税收政策等。

首先，在制定产业政策上，《中华人民共和国循环经济促进法》第六条、第四十三条分别规定了应符合发展循环经济的要求，以及财政资金应对科技创新予以支持。现阶段的循环经济法，除基本法之外，主要由《节约能源法》《清洁生产促进法》等组成体系。为促进循环经济正常有效地发展，循环经济法在生产上明确了生产责任，明确规定投入量以及排放量，并且制定严格的废弃物循环再利用规章制度，采取政策鼓励和法律管控的双渠道进行严格治理，促进循环经济的发展，做到同时从企业源头和企业末端减少资源的投入和废弃物的循环再利用比例。建立生态效益补偿机制，根据生态系统服务价值、发展机会成本、生态保护成本，推行有偿使用环境资源制度。

其次，在制定价格政策上，各级政府要增加鼓励发展循环经济方面的合理预算支出，并且运用财政政策和金融政策，对创新型企业采取一定的鼓励政策，促进企业调整生产技术，完善生产流程，建设一系列具有低污染、低资源投入量和高的循环再利用效率的生产流水线，让资源在这个流水线中保持高效率的循环再利用，降低污染物的排放量，政府在这个环节中，可以用政策措施鼓励企业，提供一定的财政鼓励，或者对其技术设施的建设提供补偿措施；另一方面，传统的粗放型企业，也可以通过降低自身行业的生产成本，节约资金，并将节约的成本或者资金投入到技术进步的研究中等，积极推进企业研发的团队建设，引进低污染高技术的生产流水线，最终切实有效地实现循环经济的基本要求。而针对我国资源产品利用效率低下、价格低位运行的问题，对那些以资源消耗为代价生产和消费的商品，国家和各级政府的补贴应当逐步减少直至取消，建立能够真实反映市场供求和资源消耗量之间关系的价格机制。

再次，在我国政府制定的税收政策上，近些年来，我国已经出台了一些专门的税收优惠政策措施，来推动能源节约、资源综合利用等方面的发展，努力从生产、流通、消费等环节全面实施调控，以控制环境污染，并且有效利用资

源，这对循环经济的发展起到支持和促进的作用。主要有以下这些税收优惠政策：

1. 所得税方面的优惠

所得税是优化产业结构，引导社会投资方向的政策工具。对于生产节能产品和制造节能设备的企业，国家给予其一定的所得税优惠。企业为了加强资源的综合利用、节约能耗，而采用先进技术设备和工艺的，也可以抵免一定的所得税等措施。

2. 增值税方面的优惠

如对于企业以次小薪材和林区三剩物为原料进行综合利用生产加工出来的产品，实行增值税即征即退的办法；对国内投资项目和外商进口设备有利于资源综合利用等方面的，在规定范围内，免征进口环节增值税和关税；对回收经营废旧物资的单位销售它所收购的废旧物资免征增值税；对部分新型墙体材料等产品、利用煤矸石、煤泥、煤层气等低热值燃料和风能生产的电力采取减半征收增值税应纳税额的政策等。

3. 消费税方面的优惠

通过消费税的征收可以引导社会的消费倾向、调节生产企业的投资行为。

最后，在制定消费政策上，各级政府要大力实施循环经济产品的制度、政府绿色采购制度等，从自身做起起带头示范作用。提倡企业改进生产技术，提高资源再循环再利用的比例，鼓励消费者主动购买一些符合循环经济生产要求的产品，推动生态文明建设。

第四节　循环经济法推动生态文明建设的实现

一、体制机制的创新

正如冯之浚所言：循环经济之所以在我国遭遇到这么多的障碍和问题，归根结底是因为循环经济范式是一次真正意义的升华和改造，而不是仅仅对旧范式进行细枝末节上的修改、补充和调整①。想要实现从传统经济模式到循环经济模式的转变，就需要通过循环经济法来建立相应的制度安排，完成体制机制的创新，以此推动生态文明建设。

① 冯之浚. 循环经济导论 [M]. 北京：人民出版社，2004：44.

（一）市场准入制度

市场准入制度，就是进入市场的门槛要求，是指国家或者相关各级人民政府根据已有的法律条文规定，确定每一个公民或者法人是否被允许进入社会市场，通过相对应的制度和规范加以控制。[①] 通过对主管部门制定的市场准入制度的实施达到引导企业向循环经济靠拢的长远性目标。循环经济法对于市场准入制度的建设主要是通过建立一定的市场准入制度，起到积极引导的作用。通过建设循环型项目，降低循环性企业的入市门槛高度，或者在经营方面给予一定的帮扶措施，最终达到鼓励循环经济健康快速地发展，从而推动生态文明建设。

（二）生产者责任延伸制度

生产者责任延伸的概念，最早是由瑞典环境经济学家托马斯（Thomas）提出来的。在循环经济社会层面，生产者责任延伸制度是企业应当负有的一种社会责任。传统企业的目标是追求股东利益的最大化，其出发点通常是个人。但生产者责任延伸制度与此不同，它认为企业的社会责任应该以维护和增进社会利益为主要目标，这样的生产者主要是以社会本位为出发点的[②]。生产者责任的延伸制度通常是立足于实现社会资源的循环利用，并且形成可持续发展的经济社会环境，最终推动生态文明在我国的建设。因此，这就要求生产者不仅要生产出特定的产品，还需要为这件产品负责，包括生产过程中的各种资源消耗、原材料投入，甚至还包括消费者完成产品的使用价值形成废弃物后，对废弃物的循环再利用负起责任。因此，生产者就必须要考虑生产各个环节对环境的影响，包括对原材料的选择、加工以及生产工艺的确定、产品投入市场中的使用以及最终形成的废弃物等等。与传统的生产者相比，最大的区别就在于对产品形成废弃物之后的处理、回收和再循环，最终推动生态文明建设，实现资源节约型、环境友好型社会的建设。

（三）建立循环性产品名录

建立循环性产品名录，就是构建循环性产品的一系列相关制度，包括鼓励、限制和禁止名录，对企业的产品范围进行明确规定，再由政府的相关部门不定期或者定期地检查，通过有力的措施保证企业按照备案的名录严格进行生

---

① 李昌麒. 经济法学 [M]. 北京：中国政法大学出版社，2002：146.
② 李昌麒. 经济法学 [M]. 北京：中国政法大学出版社，2002：188.

产。循环性产品名录制度，作为政府制定经济扶持制度的重要依据，有利于市场准入等制度的保障，还能促进我国产业结构调整，推进经济、社会和环境的协调发展。循环经济法对名录的相关制定主体，以及名录的制定程序和法律效力等方面都作出了明确规定。

（1）对于符合环境友好和资源节约要求的工艺或者产品，国家要尽可能地鼓励其发展，并给予一定的扶持。

（2）对于工艺过程或者产品设计的过程，按照国家的相关要求需要采取一定限制措施的，法律则应该按照相关的规章制度，对其进行一定的限制和管控。

（3）对于具有高污染、高能耗和低循环率的国家禁止其投入生产过程的工艺或者产品原材料，法律则应当按照相关的政策法规要求，对违法采用和生产这类产品的行为作出严厉处罚，提高违法成本，以保证该工艺和产品能被依法淘汰。

二、生产方式和生活方式的转变

（一）生产方式的转变

在循环经济法的规范下，有利于形成以人类的需求为基础兼顾自然多样性的生产方式。循环经济法认为，以往的生产方式只是从人类社会出发，没有考虑到人与自然的关系，不是把自然环境作为人类随意索取的仓库，肆意破坏，就是把自然视为应当高高供上、不可亵渎的场所。循环经济法在整体上选择的是对自然环境资源的影响是可控和可循环的方式；在生产力上，不光考虑社会经济生产力，还要考虑自然生产力；在具体的产品生产和制造过程中，要重视节约，减少资源的消耗和材料的投入量；而在最后的产品销售环节中，为显示我们为了经济的发展所付出的环境代价，对产品进行定价的时候应当把对自然的损害程度一起考虑进去。此外，不同区域的生产方式也具有不同的特点，例如在不同的地区人们的需求不同，于是采用的生产方式和废弃物的循环再利用方式自然也会有所差异。我们应当因地制宜地发展循环经济模式，更有效地达到人与自然的和谐相处。

（二）生活方式的转变

在循环经济法的规范下，有利于人们形成更好的生活方式。对于传统的生活方式，由于其核心价值主要是从物质上出发的，导致人们只会对物质随意索取，而不知道保护、节约以及循环再利用，时间久了自然就形成了人们对自然资源无止境的需求，以及随意地破坏和浪费。但随着社会进步，经济发展和环境保护的矛盾越来越突出，人们逐渐意识到了合理利用环境资源的重要性，因此，逐渐形成了循环经济的发展模式。空谈精神需求只是一种不切实际的笑话，切实有效地实现循环经济，节约物质投入和消耗量，以及增加物质材料的循环利用率才是最有效的经济发展方式。随着经济社会的发展，当生产力进步发展到一定程度后，就需要人们对现有的粗放型经济进行反思，探索新的、高效率的生产方式，并逐渐改进经济发展模式，提高生产效率和资源利用效率，逐渐从物质主义向精神主义转变。铺张浪费是不符合循环经济发展内涵的，循环经济法所倡导的消费模式，不再是只追求高档商品或豪华商品，而是转向具有更多的智慧和科学技术含量的产品。人与自然关系在以循环经济法为主导的社会生活中的表现，不再是无限制地向自然发起进攻，个人的价值和成功不再以向自然索取到更多的物质财富为标志。也就是说，人们不再追求人类中心主义，人类的胜利也不再以人主宰和统治自然来表示，而是把保护生态资源和建设良好的生态环境列入人类的目标当中，追求的是人与自然的共同进化、人与自然的和谐发展，以及人与自然"双赢"的共同胜利。

第六章　经济法的软法之治现象解读

　　随着公共治理理念的兴起，"软法"现象在人们生活的各个领域大量出现，并呈现不断增长的势头，这对法的传统概念产生了极大的挑战。经济法对经济领域行使着公共治理之责，软法在经济法领域内发挥着越来越重要的作用。基于此，本章主要对经济法中的软法之治现象进行研究解读。

第一节　软法作为法的合理性

一、软法符合法的协商民主理念

　　从价值的角度来讲，法律的正确性意味着法律应该具备客观正义的基础，能够符合严格的道德标准。在早期自然法时期，人们总是尝试着将法与正义联系起来。"法是一种自然的权力，是理智的人的精神与理性，是衡量正义与非正义的标准"①。而客观正义必定存在于"人同此心，心同此理"的人类普遍理性之中。但是随着社会的"去魅化"特别是如后现代思想家指出的，现代社会日益呈现出一个道德多元、文化异质、阶级分化、利益冲突不断加剧的样态，因此，要在人们之间达成共识进而形成一个永恒普遍的正义标准几乎没有可能。于是，法律的价值正确性如何重构呢？

　　如果说专制君主时代法的理念体现为君主的独断意志即"朕即法律"的话，那么在进入现代民主社会后，法的理念发生了重大转变，它从君主个人意志中解脱出来，转而强调共识与合意、协商与民主。20 世纪 80 年代，协商民主理论在西方政治学界逐渐兴起。民主的本质是协商。哈贝马斯（Habermas）

---

　　① 法学教材编辑部《西方法律思想史编写组》. 西方法律思想史资料选编 [M]. 北京：北京大学出版社，1983：64.

据此提出，正是在民主协商和理性沟通的基础上，基于"交流可以消除分歧"的假设，只要设计相应的程序性辩论规则，人们按照这些规则在一个理想的情境中参与对话和协商，由此达成的共识就符合正义标准①。把正义不再当作超验性存在而是一种经验性要素，哈贝马斯实际上在法律与民主之间架起了一座桥梁。

这就意味着，在一个国家中，地位平等的公民通过广泛地集体讨论与自由协商而获得共同决策的结果，从而使得结果在最大程度上变得理性并同时赋予结果合法性。这就是协商民主。现代法律的制定过程也大概趋向于遵循这一协商民主路径。最近以来，"以投票为中心"的选举民主理论日渐被"以协商为中心"的协商民主理论所取代。

哈贝马斯的商谈理论得到了更多学者的进一步回应。根据诺内特（Nonette）与塞尔兹尼克（Selznick）的法进化以及发展理论，传统的强调国家为中心的压制型法观念存在着诸多弊端与缺陷，并不是一种行之有效的理想制度，现代社会中的法律发展越来越趋向于一种注重协商民主与共识自治精神的回应型法观念。首先，由于现代社会是利益交织的复杂社会，必定有相当一部分的公民在实际选举过程中找不到合适的代表，其意志不能通过适当的渠道反映，诉求得不到顺畅地表达。如英国自由主义大师密尔（Mill）就认为，真正的民主制度中，少数派应该有合适的代表，否则民主就是虚有其表②。如果少数派在立法渠道上没有参与途径，无法发声，就会形成所谓立法层面的"多数人暴政"。其次，公民通过行使选举权实现对最高权力的拥有、掌握与支配，这在现代社会日益成为一种不切实际的幻想。经常出现的情况是"选举时是主人，选举后是奴隶"。对选举出的代表脱离民意缺少有效和持续的监督，这是由现代社会大多数国家实行间接代议制民主所难以避免的危险。第三，现代文明的选举民主形式，其自然趋势是朝向集体的平庸，这种趋势由于选举权的不断下降和扩大而增强，其结果就是将主要权力置于越来越低于最高社会教养水平而不是智力优良的阶级手中。第四，乐观的选举民主派坚持认为即使是选民选出的代表有不同于选民的偏好和意见，选民仍然可以通过恰当的民主程序将其代理人做出的集体决策保持在可控的范围之内。然而事实在于一旦代理人获得了共同体所授予的权力，选民的反对、罢免常常由于各种主客观因素变得难以实现。在这个意义上，协商民主理论始于对选举民主的反思。在

① ［德］哈贝马斯. 在事实与规范之间关于法律和民主法治国的商谈理论［M］. 童世骏，译. 北京：生活·读书·新知三联书店，2003：5.
② ［英］J.S. 密尔. 代议制政府［M］. 汪瑄，译. 北京：商务印书馆，1982：106.

协商民主中，每一个公民都能够平等地参与公共决策的制定，自由地表达意见，充分地倾听并考虑不同的意见，在相互理性的讨论与协商过程中促进共识的形成，最终制定出科学和具有约束力的法律。

这样一种崭新的民主理论，在很多方面尤其在价值层面与强调多元主体参与共治的软法实践相互契合。首先，软法回应了协商民主对于规则的需求。一般而言，软法会设置讨论时间，设立协商的启动机制，监督协商的进展，并巩固每一个协商阶段所达成的共识。因此，在当前立法成本高昂的背景下，针对公共领域中许多还未解决的疑难杂症，完全可以通过民主协商制定软法的方式来促进解决。实际上，在国家、公共性自治组织与社会成员之间，通过民主协商的方式制定出有关的软法规范，并分享各自的价值目标、共同督促软法的实施、衡量软法实施的效益、调整后续的行为等作为一个商谈性社会的治理策略被证明是成效非凡的。其次，软法回应了协商民主理念对于参与的需求，拓展了法律的制定、参与主体。软法的出现、发展正是在规则制定主体上进行了大范围的拓展，一个很好的例子就是原本并不具有参与协商制定国际间协议的"软组织"的发展。在许多议题领域，从经济贸易、到人权政治与环境治理，个人与私人组织都日益成为新的国际间协议的新当事人。而协商民主同样如此。除了时空上的局限以及所涉及议题的局限性之外，二者都不存在对参与主体资格的任何限制。协商民主与软法在这一机制上的开放性是一样的。最后，法的协商民主的理念并不在于投票，而在于协商，注重参与各方的交流、对话与沟通，强调共识的形成与相互之间的认同。在协商过程中，各方参与主体依靠的是相互的说服，而非欺骗、操纵甚至恐吓、强制，改变相互的判断、偏好与主张，从而最大限度地基于共识作出决策、制定法律。软法实践的核心也是开放互动的协商机制，这与协商民主的本质相互吻合。从软法兴起的实践来看，协商民主的发展与完善，离不开软法的规范。正是软法不断完善，推动着法的协商民主精神不断发展。换言之，软法为协商民主创造了条件，而协商民主则反过来确保并赋予了软法在价值层面的正当性。

二、软法符合法的规范逻辑结构

在很多学者看来，软法之所以不是法，是因为它不具有法之规范性。而法之规范性极为强调的就是法律规范必须具备完整的法逻辑结构。从分析实证主义的角度来讲，任何一条法律规则都具有严密的逻辑结构，这是它区别于习惯和道德规范的重要特征之一。

法律规则的逻辑结构，指的是一条完整的法律规则是由哪些要素或者成分组成的，这些要素或者成分是以何种逻辑联系结为一个整体的问题。在分析实证主义者们看来，法律规则的逻辑结构包括假定、行为模式与法律后果。假定指的是行为发生的时空、各种条件等事实状态的预设，行为模式指的是具体的权利和义务规定，包括法律关于允许做什么、禁止做什么和必须做什么的规定，而法律后果指的是对遵守规则或者违反规则的行为予以肯定或者否定的规定①。

任何一条完整意义的法律规则都是由三要素按照一定的逻辑关系结合而成的。缺少其中任何一部分，不仅意味着该种要素的不存在，而且也意味着该法律规则的不存在；而规则的前两项如果是有效的，那么它的后一项也应该是有效的。此外，在立法实践中，有时出于立法技术的考虑，为了防止法律条文过于繁杂，在表述法律规则的内容时，往往有意地不写出某一要素。尽管从文字中发现不了这一要素，但是如果仔细阅读，通过语言的逻辑结构与意义的补充阐释，就可以发现这一要素实际上是存在的，只不过其被隐蔽地包含在法律规则的内在意义之中，其完全可以被推演出来。之所以这样做，是因为立法者们普遍地认为，出于普通人的逻辑学常识，就可以完全在这条规则之中发现这一要素。当然，也不能为了追求法律的简洁而损害了法律的明确性，立法者不能武断地任意省略，仅在这一要素可以被人们毫无分歧地推导出来时，省略才是可取的。最后，法律条文并非法律规则，法律条文只是法律规则的表述形式。一般而言，一个法律条文难以表达某一规则的全部要素，后者往往是通过多个条文而加以表达的，这种现象不仅存在于同一部门法中，甚至跨越了不同部门法体系。

软法规范与硬法一样，在逻辑结构上均有完整的体现，只不过两者有所差异。相对而言，在假定部分，硬法规范的适用时空范围比软法规范要宽泛得多，软法特别是社会法往往只适用于特定社会自治领域，比如某个特定的行业领域或者某个自治组织内部，而硬法往往只适用于整个国家主权所覆盖范围。在行为模式部分，硬法规范无论在第一性规则有关公民权利义务的规定中，还是在第二性规则有关公共机构创制规则、承认规则、变更规则、实施规则、适用规则、权力监督规则等方面的职权与职责的规定，都严格区别于软法规范。软法规范并没有等级明确的第一性规则与第二性规则，其层次较为模糊，但是在每一条软法规范内都包含了相应的肯定性、禁止性或鼓励性行为模式，对行为主体的行为具有较为明确的引导、规范、指引、激励与评价作用。在法律后果方面，二者之间的差异就更为明显。软法条款或者未规定法律后果，或者只规定积极的肯定性法律后果，退一步说，即便进行了这方面的规定，也不能依

---

① 张文显. 法理学 [M]. 北京：法律出版社，2004：55.

靠国家强制力保障实施，至多只能依靠社会强制力保证实施，主要是依靠公共激励机制与相关主体自愿服从的方式来产生实效，形成拘束力。

必须指出，在很多场合下，立法者认为不能或者不必在规范条款中设定一套完整的逻辑结构，这些法律条款尽管逻辑结构未必完整，却能够产生预期实效，能够实现法定效力，它们很可能属于软法：法律条文的行为模式往往不太完整、明确；或者虽然行为模式完整、明确，但是没有规定法律后果；或者虽然规定了法律后果，但主要为积极的肯定性法律后果，依靠国家或者社会的激励机制保证实施；或者虽然规定了消极的否定式法律后果，但不能运用国家强制力来保证实现，主要依靠义务主体的自觉服从、组织自治力或者社会强制力来保证实施；它们由国家法中的不依靠国家强制力保证实施的法规范与所有得到国家认可的社会法两部分组成，而后者又包括政治组织创制与社会共同体创制的规范两大部分。在这种情况下，相应的软法条款虽然不具有完整的逻辑结构，但不能就似是而非地认为其实效的产生是不可预期的。事实上，软法规范尽管主要依靠国家激励、社会强制、社会激励等方式来实现，但因其效力包含的公共性比较弱，这就意味着相关主体在自身利益最大化的驱使下有动力自愿遵从或者依靠社会强制的方式服从该法律规范，从而能够最大限度地实现其效力，产生相应的拘束力。相反，硬法规范之所以需要依靠国家强制力保证实施，乃是因为其效力包含的公共性较强，这就意味着相关主体在自身利益最大化驱使下自愿服从该规范的动力不足，更多的是通过被迫服从的方式来最大限度地实现其效力，产生相应的拘束力。亦即，因为在设计软法与硬法规范的逻辑结构时，已经考虑过其自身效力公共性的高低及其产生实效概率的高低之间的关联性，并实现了目标与手段之间的匹配性，所以，作为结果，无论是硬法还是软法，都能够基于规范意义上的完整逻辑结构从而产生相同预期的拘束力。

三、软法具有规则的实际约束力

软法之"软"，是不是意味着软法对人们的行为没有实际拘束力？并非如此。只不过，作为一种行为规范，软法拘束力的产生方式、来源等与硬法不尽相同。可从以下三方面理解。

首先，与硬法一样，软法亦是一种行为规范。法律是通过对人的行为而非思想的调整进而调整社会关系的，正是因为社会主体的行为才使得人与人之间的关系得以建立和存在，这种社会关系是以社会成员之间的行为才得以展开和联结的，进而形成行为关系。正如马克思（K. Marx）所言，"对于法律来说，除了我的行为之外，我是根本不存在的，我根本不是法律的对象。"① 对于法律来说，不通过行为控制就无法调整和控制社会关系，这是法律区别于其他社会规范的重要特征之一。比如道德规范上就是通过思想控制来调整和控制社会关系的。就软法来说，它是一种行为规范，它对人的行为具有指引、预测和评价作用。指引作用是指软法规范对社会主体行为起到导向、引路作用，软法的指引是一种规范指引，不同于个别指引。评价作用指软法作为人们对他人行为的评价标准所起的作用。比如可以依据律师行业的职业伦理规范对律师的执业行为进行评价，这种评价的重点在于人的外部行为、实际效果以及行为人的责任。软法规范对主体行为的评价既包括效力性的评价，也包括舆论性的评价。预测作用则是指人们可以依据软法规范预告估计人们相互之间怎样行为以及行为的后果等，从而对自己的行为做出合理的安排。软法之所以具有预测作用，是因为软法具有规范性、确定性的特点，它明确告知人们如何行为以及相互的权利义务关系。

其次，软法不由国家强制力保障实施，而是由社会强制力保障实施。软法规范一般不规定罚则，通常不具有像硬法规范那样的否定性法律后果，更多的是依靠激励性或者批评性的规定，依靠舆论导向、利益机制、伦理道德、文化等软约束力来发挥作用，实现个人、组织的自我约束和相互约束，而硬法主要是以国家强制力作为后盾，由国家强制力保障实施。软法拘束力的根据主要是自愿，而自愿的动机不一而足，比如对劝说、舆论压力、优惠政策的回应，现实的行为需要，清醒长远的自利衡量，对特定成员身份和连带利益的珍爱，对美誉的期待，对恶名的恐惧和基于平等原则的公正良心，等等。软法的实施，或者通过主动遵守和承诺，或者通过对话和商讨。因此，软法的实施方式也具有多样性，既有官方途径，也有私力救济途径，还有民间组织的裁判和干预，程序虽然各不相同，但总体比较简便、自由。

最后，软法具有实效，对社会成员的行为产生了实际的拘束力。法的实效指的是法规范产生了法期望的实际效果。法的实效与法的效力密切相连又相互区别。法的实效突出的是法的实际效果，其客观性十分明显，属于实然范畴；而法的效力表明立法者的主观愿望，同时也是任何法应该具有的要件，属于应然范畴。法的实效产生的方式可以是多种多样的，既可以是自愿服从，也可以是习惯性服从，既可以是社会强制服从，也可以是国家强制服从。从软法的性质与特征来说，它的实效主要是依靠自愿服从、习惯性服从与社会强制服从，

---

① ［德］马克思，［德］恩格斯．马克思恩格斯全集 第1卷［M］．中共中央马克思恩格斯列宁斯大林著作编译局，译．北京：人民出版社，1995：121．

而国家强制服从更多是硬法实效产生的方式。软法实效依靠自愿服从，软法的功能主要表现为引导、规范、激励与教育等等，而非惩罚制裁功能，这种软法规制的社会效果是最理想的。软法实效依靠习惯性服从，显示出人们对服从软法表现出一种路径依赖与从众心理。这往往是一种低风险的理性选择，容易获得社会认同。软法实效依靠社会强制服从，这是从社会压力角度解释规制及其实施现象。社会学研究表明，规则背后的社会压力的大小取决于多种因素，其中一个重要因素就是"坏消息"传播的速度和范围，以及人们对于违背规则的"坏行为"做出的反应强度。在此情况下，人们之所以选择服从软法，一个重要原因就是希望避免因为不好的违法行为而遭到社会谴责，被社会共同体所唾弃或者抛弃，进而导致其权益受损。

第二节　经济法治与软法之治的契合

一、理念层面的契合

从理念层面来说，经济法治要求政府在干预市场的时候应依赖自由协商，尊重市场规律，减少强制干预，这一点与软法治理机制存在着高度的契合性。

经济法治所要求的政府与市场之间的边界何在？从理想层面讲，就是各司其职、各尽其责，市场的归市场，政府的归政府。在市场经济条件下，市场是"看不见的手"，要在资源配置中起到决定性作用，而政府是"看得见的手"，其主要职能在于为市场经济的健康运转提供良好的市场环境以及为各类市场主体提供基本的公共服务与公共产品。政府的职能如果能立足于这一基本定位，就能较好地处理自身与市场之间的关系。但事实证明，以往政府的家长做法使得中国的市场经济并未在资源配置中起到基础性作用，反而是政府自身起到了决定性作用，两者的关系长期呈现出"半政府、半市场"的明显特征。因为对市场的过度干预，导致很多本该由政府放权让权的事情被胡管乱管，许多本该由政府过问和管理的事情则并没有管好。因此，经济法治的要义就在于让市场在资源配置中发挥决定性作用，政府必须自我革命、让利放权，尊重市场自由协商，减少行政强制干预，摒弃大包大揽的长官意志，方能真正做到有所为、有所不为。

同样，自由协商亦是软法治理机制最为强调的核心价值。自代议制民主流行以来，世界各国政府权力获得合法性来源的模式都可以称之为"传送带模式"（transmission belt model），即社会成员之间的共识与合意经由代议机关而得以制度化，并且政府权力的获得与行使取决于代议机关通过的立法。但是，随着 20 世纪以来社会事务的愈加复杂，这种以立法为核心而为行政机关提供合法性的模式逐渐难以适应社会变迁，于是，越来越多的立法机关授权行政机关制定法律。这种授权立法由行政机关制定并实施，其正当性存在很大的争议。在此背景下，强调自由协商、多数决定、公众参与的软法治理机制由于能够有效地反映成员意志而为政府治理提供法律正当性，在世界各国流行开来。一方面，软法的创制过程强调自由协商。相关各方能够在这一过程中平等参与、充分互动、自由商议，尽可能充分地表达自身的利益诉求，并将其凝聚为共识与合意；另一方面，软法的实施也体现了自由协商精神。软法的实施不依赖于国家强制力所象征着的暴力、威胁与恐吓，而主要取决于利益诱导下的主动配合或者基于正当性认同的自愿服从。

二、功能层面的契合

在功能层面上，经济法治之下的市场经济与人治之下的计划经济严格对立，它是一种哈耶克意义上的自生自发秩序，否定计划经济的所谓人为设计的秩序基础，这与软法的功能特征不谋而合。

自由主义法学家哈耶克（Hayek）曾立足于其知识论与有限理性的哲学基础，将人类秩序分为自生自发的秩序与人为设计安排的秩序。这一、二元秩序观为理解法治与人治、市场经济与计划经济的秩序形成方式提供了一把钥匙。在哈耶克看来，市场经济是一种典型的自生自发的秩序，这种秩序既不是来源于某个超级大脑的设计，也不是出自某一个中央机构的建构，而是由众多分散的社会成员按照一定的行动逻辑所达成的结果，是社会成员经过长期的选择和试错所形成的机制。在这个意义上，市场经济与依赖建构理性而"发明"出来的计划经济体制截然相反，它是一个凭借渐进理性而自然"生长"的产物。经济法治奉行经济自由，经济自由意味着自发秩序在经济领域的应用。经济自由的核心就是行为自由，行为自由是其他自由的前提与基础。作为行为自由的经济自由不仅包括生产自由，还包括消费自由。哈耶克认为，每一个人所掌握的知识都是分散的，因而人都是有限理性的[1]。在市场经济中，每一个经济决策所需要的知识都仅被独立的社会成员所拥有和掌握，这些零散的知识从未以整体或者集中的形式出现过，而只有在一个自由的经济体制中，个人利用自身

---

① ［英］弗里德里希·A. 哈耶克. 科学的反革命：理性滥用之研究 [M]. 冯克利，译. 南京：译林出版社，2003：15.

所掌握的分散知识来做出决策，最后实现效用的最大化，市场就会自动实现均衡。在哈耶克看来，市场经济此种自生自发的秩序是人类社会中最为复杂和精妙的社会现象，尽管我们每一个人都身处其中，但是人类的理性是永远也掌握不了其奥妙所在的。因此，一个国家企图达到某个特定的目标而对市场运行进行干预，往往只能是弄巧成拙，扭曲市场机制，把市场弄糟。就功能层面而言，依靠软法治理市场会趋向于形成一种自下而上、自生自发的经济法治秩序，这与市场经济本身的功能不谋而合。历史地看，以往我国的经济法制进路主要以硬法为手段来建构市场秩序。在这种法制进路中，尽管社会与市场有可能呈现出某种有序的状态，但是这种秩序往往是由国家强制力保证的，与社会之间的纽带十分松散，无法充分调动社会成员运用个人能动性采取有效行动，促成合作，形成、发展和选择更为社会成员所偏好的有效秩序，因此这种秩序往往缺乏自我生产、扩展和自我调整的强大动力，也难以对不断变化的社会与市场做出灵活有效的应对。结果是，社会与市场显得十分僵硬。更为重要的是，在这种进路中，法律主要不是作为对政府权力行使的约束，而是作为强化政府权力进行社会改造和市场干预的工具而发生的。特别是计划经济形式下，政府之手无所不包，民间社会与市场领域的空间逐渐萎缩，经济趋于萎靡，且其他社会调整机制的功能也遭到严重的破坏。与硬法相反，经济软法的治理机制较少地依靠国家强制力，更多地依靠市场本身和社会自治的力量。比如，在经济法的内部治理机制中，就存在着大量的行业内部交易习惯和惯例、自治组织章程等软法形式，这些软法形式的创制、实施与适用具有很大的灵活性与开放性，同时又遵循着法治精神，充分体现了市场与政府、国家与社会之间的良性互动，不仅极大地方便了日常的经济交流与市民生活，也降低了政府治理的成本。因此，经济软法的治理迥异于以往政府自上而下推行的治理机制，它尊重各类市场主体和社会中间层主体对于秩序形成的作用，鼓励他们通过平等协商、自由沟通建立和形成共识，同时，又对国家立法机关与行政机关以立法形式对市场进行干预保持着警醒。

在这个意义上，经济法治与软法之治在功能层面达成了默契，它们都趋于形成自发秩序实现对市场的治理。这一秩序无论对于市场经济，还是对于法治社会而言，都意义重大。反过来，以政府力量为主导而建构起来的市场，很可能恰恰是因为政府干预而使得市场萎缩和缺乏活力。以国家强制力推行的硬法之治所带来的建构型秩序，也可能会以同样的方式进一步强化政府权力，而不是规制政府权力。

三、规范层面的契合

从规范层面来讲，市场经济本身的动态性、调整手段多样性以及主体多元性特点为软法营造了适合生长的场所，市场内部逐渐形成了软法规范的"汪洋大海"，这些经济软法大多被纳入我国经济法治体系之中，成为市场治理的重要组成部分。

首先，我国的市场经济体制改革是一种大势所趋，然而，这也是人类历史上社会主义与市场经济的首次结合，虽然不乏机遇，但是也充满着未知的偶然性风险。因此，我国的市场经济体制改革肯定不是一个一成不变而是不断创新的过程。在这个意义上，运用经济法治的手段和方法对经济关系的调整也必定不可能有任何固定的模式可以套用，而是一个根据情势因时因地动态调整的过程，它一方面既应该保持本身的稳定，另一方面又应该随时根据经济生活的变化而做出适时的应对。正是因为市场本身的动态性，经济法治的发展也相应具有动态性特点。与其他部门法相比，经济法规范中的软法为了迎合市场本身的变化，做出较为灵活的制度安排，在民主协商的开放性创制过程中，极大地减少了市场与社会立法的成本。甚至在某些特殊情况下，软法的创制具有很大的实验主义色彩，它甚至可以早于硬法出现，作为"摸着石头过河"的一种治理工具，实现对经济法律关系的有效调整。

其次，市场是一种将各种调整手段有机结合的综合性调整机制。其中，作为调整经济关系最重要手段的经济法，其除了对市场违法行为施以与传统法律调整手段类似的严厉制裁外，它还可以依法根据市场主体的合法行为做出一些精神或者物质上的奖励。经济法调整方法更多地采取倡导性规范和奖励性后果的方式，这也与软法实施机制有着契合之处。就软法的实施而言，它的实施力量不是来自制裁、恐吓等国家强制力，而主要以自愿服从、利益诱导等手段为主，通过这种柔性治理的方式达到最佳的治理效果。

最后，市场领域中经济主体的多样性决定了经济法律规范表现形式具有多样性。如果在现实的市场调整手段中，经济法中的硬法规范占据了绝大多数，那么一个很有可能的结果就是硬法规范在侵蚀、削弱其他市场主体形成的自发性规范的同时，也必定会不断消耗着自身的权威与功能，从而无法满足市场经济关系多元性对于经济法治的需要。因此，一个理想的格局应该是，市场经济中的硬法规范应该与其他多元性规范相互取长补短、良性互动，实现共治。在一个充满着众多经济主体的开放而多元的市场领域中，法律规范相应也应该具有多样性的来源，而不应该仅仅出自政府之手。特别是考虑到政府在干预市场过程中的权力行使往往过大而不受制约这一现实因素，就更应该减少强制性规范，增加自律性规范，从而给其他经济主体创造更大的自主空间。而软法秉持的是在具体的市场经济语境中解决纠纷的理念，这恰恰符合市场领域中经济主体多元性以及多层次性的价值追求。

第三节　我国经济法中软法之治的乱象及其成因

一、经济法中软法之治的乱象

（一）行政许可领域中的乱象

市场经济秩序的运行需要制度基础，尤其需要的是适应自由经济与保护产权的法律制度基础。政府对市场的任意干预或者不当管制，对市场经济的损害是巨大的。而行政许可作为行政机关对市场经济事务事前监督管理的一种重要权力，它涉及政府与市场、政府与社会、行政权力与公民、法人或者其他组织的权利的关系，涉及行政权力的配置以及运行方式等诸多问题。一个健全的行政许可制度的设计与安排，应致力于解决和应对市场失灵产生的垄断、信息失衡以及外部性等问题，从而为政府与市场划分出明确的边界。在这个意义上，行政许可的依法合理行使，对规范行政审批事项，保护公民与法人和其他组织的合法权益，进一步推动政府职能转变以及促进市场经济的完善发挥着重要的作用。按照我国《行政许可法》第2条的规定，行政许可指行政机关根据公民、法人或其他组织的申请，经依法审查，准予其从事特定活动的行为。实践中，行政许可事项一般都涉及采用政府权力运作还是市场机制运作的选择问题。自我国《行政许可法》的生效实施以来，无论在规范与整顿市场秩序方面，还是使政府的行政审批和行政管理工作逐渐纳入法制化、规范化的轨道上，都起到了重要作用。但是也要看到，行政许可领域还存在着许多方面的乱象，特别是一些行政机关在利益的驱使下对一些不该政府管理的行业和事项进行干预，严重阻碍了市场机制正常发挥，遏制了自由竞争；一些地方部门滥设行政许可事项，设置门槛，征收费用，不仅滋生了腐败，而且严重损害了政府公信力。

当前，行政许可在实践中的最大弊病就在于由于软法规范的制定权限、内容以及程序等各方面并不规范，各级行政机关出于利益驱使制定出各式各样的经济软法文本违法设定行政许可，使得政府管了一些本来不应该管理的事情，一些本来由政府管理的事情没有管好，本来由企业和社会自主决定的事情被包办，造成市场机制运行不畅，政府与市场、政府与企业之间的关系被扭曲。

按照我国《行政许可法》的规定，行政许可的设定依据只能是法律、行政法规、国务院的决定、地方性法规以及省、自治区、直辖市人民政府规章。除此之外，任何规范性文件一律不得设定行政许可。但实际上，以各种违背硬法制度安排与规范内容的软法文本作为行政许可设定依据的现象仍在一定范围内大量存在。有的行政机关通过自己制定的规范性文件涉及行政许可，有的行政机关的内设机构如司、局、处也通过各类经济类红头文件设定行政许可，甚至一些基层政府如县政府、乡政府根据政府会议纪要甚至领导讲话设定行政许可。

在行政许可领域，通过软法文本违法设定行政许可的现象还比比皆是，这给软法带来了诸多合法性质疑。一些行政机关利用各种以"红头文件"为名的软法文本为载体，以登记、备案、年检、监制、认定、审定以及准销证、准运证等形式变相设置行政许可事项，严重阻碍了市场活力的释放，影响了市场的公平竞争，恶化了市场环境。

(二) 行政自由裁量中的乱象

行政自由裁量是国家赋予行政机关在法律、法规规定的幅度和范围内所享有的一定选择余地的处置权力，它是行政权力的重要组成部分，是行政主体提高行政效率所必需的权限，也是现代行政的必然要求。作为一种情势判断和行为选择，行政自由裁量广泛地存在于行政行为之中，它不仅存在于法律要件的选择，也存在于法律效果的判断。裁量权这个词的核心意义是某种程度的决定自由和选择权，只要对其权力的有效限制使他有自由对行为或不行为的可能途径做出选择，行政官员就被认为具有行政裁量权。行政裁量在传统行政法中的身份是如此特殊，以至于被认为"行政法被裁量的术语统治着"。

行政裁量之所以存在的一个重要理由就在于其是为了保障社会公共选择的集体理性。按照理性人的观点，个体在做出选择的时候常常会由于其私人利益而有损害社会公共利益的倾向，因此，政府就有必要动用公共权力引导、纠正私人选择。不过，虽然说行政裁量随着现代国家政府行政管理职能的不断膨胀而具有不可避免性，但其复杂的实践表明，行政裁量的运用未必就会导致公共选择的理性与公共利益的最大化，它的滥用同样会导致公共选择的失灵与公共利益的受损。因此，如何限制行政自由裁量权，让其真正发挥出行政的积极作用，始终是一个备受瞩目和广泛争论的现实问题。

针对与日俱增的行政自由裁量滥用风险，传统行政法理论以硬法规制模式为主。在理论基础上，硬法规制模式主要依据以下三点：一是认为只有硬法才是法，针对规制行政自由裁量权这个法治问题也只有硬法才能应对；二是无法律则无行政，行政机关依法行政必须基于法律的授权，行政机关的自由裁量权的授予和行使都必须来自硬法，硬法有能力在裁量的授权和规制之间把握平衡；三是硬法依靠国家强制力保障实施，其具有无可争议的法律效力，所以它可以成为司法机关裁判的依据，司法机关也依据硬法审查行政裁量的合法性。但颇为可惜的是，行政自由裁量权大量滥用的现实已经表明，硬法只能设定行政裁量行为的合法或非法，而无法深入到行政裁量的内部结构当中去，而这恰恰是规制行政自由裁量权的重中之重，因此硬法规制模式很难实现授权与控权的平衡。

对于行政自由裁量权的控制，软法的控制更为精准到位。法律和规章是要界定公共机构的权限，而软法则旨在确保实施这些权限时能够保持前后一致性和连贯性。软法不仅可以提升行政裁量的可预见性，细致控制行政自由裁量权的行使，还可以提高行政自由裁量的说理性，从而提升行政自由裁量的品格。其中，行政裁量基准作为一种软法形式，在近年来的对行政控权实践中扮演着越来越突出和重要的角色。特别是自国务院于2003年颁布《全面推进依法行政实施纲要》之后，各地行政部门纷纷颁布了以"自由裁量权实施办法""裁量指导意见""自由裁量实施细则"为名的行政自由裁量权指导基准，对行政机关的自由裁量权进行自我限制。实践中，这些行政裁量基准或者指南的颁布，有助于限制行政人员特定决定权力的实施，还有助于防止其向政治诱惑或者压力妥协，更有助于防止其考虑不相关的因素而滥用权力。

不同于硬法，软法在限制与调控行政自由裁量权的时候显得更加灵活，而且更加具有协商性和回应性，在调整行政主体与行政相对人关系以及行使行政管理职能方面都起到了举足轻重的作用。不过，就当前的软法控权模式来说，实践中也显得乱象重重，呈现出多、乱、杂的普遍问题，有的违法国家法律规定，有的相互之间"打架"，有的"发而不废""废改随意"，甚至有的名为"暂行规定"的软法规范"暂行"了十几年，等等。这些控权软法乱象的存在，既影响了软法本身的权威性，也削弱了政府的公信力，更严重扭曲了市场规则，损害了人民群众的切身利益。在实践领域中，主要存在以下软法乱象。

软法的形成不规范、欠科学，导致自由裁量被滥用。从形式上来说，软法规范的形成有着某种偶然性和随意性。无论是制定主体、还是制定程序，抑或是制定权限都没有严格的规定，导致软法在制定过程中难免会出现主体错位、程序僭越、制定随意的现象，使得软法规范的形式比较混乱、形成方式随意，数量庞杂，缺少完整系统的体系。

软法文本时常扭曲市场规则。不少地方政府在干预经济时颁布的软法文本由于片面注重地方利益、部门利益或者垄断企业利益，且制定过程不规范、不民主，因而往往忽视或者轻视市场机制、经济规律，干扰了市场的正常运行，扭曲了通行的经济规则。

二、经济法中软法乱象的原因剖析

如前所述，尽管软法相比硬法具有天然的优势，其在政府干预市场这一广阔的领域也日益发挥着更加重要的作用。但是通过实证分析表明，我国经济法治中的软法之治尚没有达到理想状态，乱象重重，如果找不到软法乱象背后的深层次原因，那么软法作为政府干预市场的这一有力手段，其作用必将大打折扣，进而影响到经济法治的实现。下面将结合我国当前软法制度实践，从立法、执法、司法三个方面来论证软法乱象的根源。通过分析表明，我国经济法治中软法之治的完善必将是一个不断探索、反复试错的过程。

（一）软法在制定上的随意创设

在政府干预市场中的经济立法领域中，软法不同于法律、法规或者规章，它的创制方式与制度安排比较随意、富有弹性，这导致它在部门利益主导的科层制政府中往往变成一种可以任意创设、随意拿捏的橡皮泥，以满足各级政府各色各样的部门利益需求。

科层制政府的部门利益主义倾向，决定了软法在立法领域中的灰色地位。根据马克斯·韦伯（Max Weber）的观点，科层制是一种以权力为职能和职位进行分工和分层、以规则为管理主体的组织体系和管理方式，具有专门化、等级制、规制化、非人格化、技术化以及公私分明化等特点[①]。随着资本主义生产力的飞速发展，社会分工越来越细、组织规模不断扩大以及科层制具有稳定、平等以及效率等优势，它已经成为各国政府在履行现代行政管理职能中的基本方式。从组织社会学视角而言，我国政府组成系统构成一个严密且复杂的政治结构：从纵向上看，行政官僚层级把各级人民政府划分成不同层块，呈现出一个金字塔形状；从横向上来看，由于存在着分工明确、职能广泛的众多职能部门，又把各级政府划分成了条条，呈现出权力庞大、统领一切的臃肿集合体。因此，纵横相交、条块结合，使得政府呈现出一个组织严密、等级森严的科层制网络。就市场经济而言，政府行使经济管理职能的最终目的在于追求公共利益的最大化。但是随着社会环境的发展变化，科层制的整合失灵、组织僵

---

① 张建平．马克斯·韦伯科层制思想解析［J］．社会科学论坛，2016（4）：42.

化、权力异化等缺陷逐渐暴露出来，公共利益价值目标逐渐偏离，其日益显示出架构重叠、权责不清、追求私利、部门利益主义的倾向，这造成政府部门在部门本位主义的支配下，利用掌握的国家立法资源随意创设软法规范，谋取超越自身合理范围之外的利益。在当前我国的软法立法领域中，这种科层政府的部门利益主义主要表现在以下几个方面：

一是通过创设软法规范强化或者扩张本部门的权力范围。在政府机关软法立法实践中，一些行政部门往往竭力通过创设软法规范强化自己的地位、职能与势力范围，甚至通过创设软法将自己的权力延伸到本不应当的职权范围，或者将本属于几个行政部门共有的职权据为己有，还有的将本不属于行政机关工作范围的事项通过软法纳入行政立法的范围。最为典型的做法就是通过违法地创设软法规范肆意扩大行政审批权，即只要某事项与本部门职能权限有半点联系，不管这事项是否受到政府部门监管与规制，某些部门就都要以软法规范的形式增设本部门对这类活动的审批权。还有的地方行政机关在行政经济性软法中规定了机构编制、人员配置、经费保障等事项，使得本单位的存在合法化，本部门的利益得到软法保障。因此，政府在立法过程中，就是把软法当作一个要机构、要编制、要经费的手段，其后果则是每制定一个软法，文本就多设了一个机构，多了一批编制，多一次收费，多一道审批程序，多了一批吃公家饭的人，给国家财政造成较大的负担。与之相反，对于那些关涉公共利益的事项或项目，即使有利于公民的合法权益，但是如果这些立法项目与本部门利益相抵触，一些部门就消极怠工、漠不关心，致使一些社会急需的法律频频缺位。

二是通过制定软法为本部门谋取经济利益。政府机关特别是一些经济行业领域内的管理部门，在立法过程中利字当头，通过制定软法为本部门谋取各种经济利益与好处。突出表现为：在立法过程中，政府部门通过制定软法划分势力范围公开或者隐蔽地通过这样的"自肥"软法，一些部门就可以名正言顺地使得这些能带来好处实惠的各项权力合法化。有些部门甚至在设置审批权或者发证时，还另行制定一些软法文本并在其中规定法定手续，比如审批前的培训、检测、资质认定，以及审批之后的年检、年审手续等，履行这些手续变成获得审批、经营许可的法定条件，而办理这些手续一般都要向政府机关上缴一笔不小的费用。在对违法行为的处罚力度上，一些政府机关违法设置行政处罚并违背罚责相称的原则，对于行政处罚过分强调罚款的作用，在我国对各种行政处罚收入、收费管理还有完全规范化的情况下，相关部门就可以通过各种途径从这类收入中坐享其成。

三是通过制定软法推卸本部门的责任。部门利益影响到软法制定的另一种表现形式是，政府部门通过立法"取利弃责"，在对其自身的权力义务配置上严重失衡，只要权力不要义务。在软法文本的内容上，对于行政的相对人的义务着墨甚多，规定得非常全面、细致、具体，但是对自身的义务与责任却惜墨如金，要么是避而不提，要么是规定得十分抽象与模糊，这集中表现在对行政相对人义务的用语中经常使用"不得""禁止""必须""应该"等命令性词语，而"可以""有权"等授权性词汇则十分稀少，对于责任的界定语焉不详。在行政管理方式的选择上，有的政府部门可以说只要管理，不要服务。在软法立法实践中，有的政府部门常常突出事前管理，审批、许可的程序繁复异常，却无视事后的监管与公共服务等。此外，在规定惩罚性条款时，相关软法立法也常常只注重经济处罚，把软法作为罚款的工具。

（二）软法在执行中存在异化

在政府干预市场过程中，中央政府及各级政府在法规、规章之外会颁布出台各种各样的政策、意见、通知、准则、办法等软法文本来干预、调整市场的运转，引导市场向着良性健康的方向发展。这些软法文本尽管在诸多方面有别于经济法制中的硬法调整机制，但不得不承认，其在我国市场经济的发展过程中还是起到了一些积极的作用，它的存在也具有相应的客观必然性。软法属于法的范畴，而法律的生命就在于执行，因此，软法也必须得到良好的执行。但放眼当前我国市场经济软法实践可知，经济软法在执行过程中出现了普遍的执行异化，而软法执法异化恰恰是经济软法实践种种乱象得以产生的重要根源之一。软法执行异化，很大程度上是由于我国地方政府的公司化运转体制所导致。

何谓"地方政府的公司化"？一方面，地方政府在推动地方经济发展过程中扮演的角色类似于一个公司，其决策方式与行为模式具有很多公司的特征，政府地方官员的工作逻辑也与公司职员类似，另一方面，地方政府在推进本地区经济发展过程中，会与各类企业密切合作，就像企业集团总部一样协调本辖区内各个经济单元。地方政府的公司化，不仅意味着地方政府像公司那样具有明确的发展目标，也意味着地方政府像公司般注重经济效益。在公司化的经营逻辑中，地方政府的运作完全以追求经济增长特别是财政收入为首要目标和主要动力，GDP 成为这个公司的营业额，财政收入则转化为这个公司的利润，其"政绩"主要表现在地方政府领导们的升迁，从而实现地方政府的福利最大化。

不得不承认，我国地方政府的公司化运作极大地提高了地方政府自身的动员能力、运作能力与掌控资源的能力，这大大强化了政府的内部效率，实现了经济的快速发展。但是必须看到，我国地方政府的公司化完全不同于一些西方国家在"政府再造运动"中提出的旨在提高行政效能的"公司型政府"理念，它不可避免地引发了各种各样不和谐因素的出现，也带来了一些难以估量的风险与弊端。

（三）司法机关难以介入软法之治

在司法层面，由于我国人民法院在横向权力架构上的相对弱势地位，软法不具有作为司法审判依据的规范属性以及软法文本内容存在着瑕疵等原因，造成司法机关普遍无力回应我国市场经济领域中出现的大规模软法现象及软法纠纷。

随着我国经济市场化、社会民主化、法律社会化的程度进一步提高，经济法中软法机制发展势必更加迅速，与硬法机制共同承担着管理与协调国民经济的重要作用。作为一种新生的事物，经济领域内出现的国家政策、社会自治规则、专业标准、交易习惯等软法形式大量出现，对我国的经济法制及其相应的利益调整机制产生了重要影响。任何法律机制的产生都必然是对现行利益机制的重新安排与分配，在政府干预市场过程中出现的软法则更是如此。可是一旦经济领域中的政府主体、社会中间层主体以及市场主体就软法出现纠纷如何解决？经济软法是否可以进入司法裁判领域中发挥作用？经济软法中规定的权利义务如何实现？司法终极性原则是否可以同样适用于软法？等等。遗憾的是，尽管经济软法的影响日益重要，但是我国的司法机关尚且无力有效地回应经济软法现象及其产生的软法纠纷。具体而言，软法在司法适用性上存在着以下几个障碍。

首先，软法缺乏作为司法审判依据的规范地位。既然软法同样属于法的范畴，这就决定了它同硬法一样具有司法适用性。软法也确实在这方面有了一些进展。就近些年的司法审判实践而言，除了对硬法的适用，司法机关特别是最高人民法院在审判过程中也扩展了软法存在的空间，涉及对一些软法规范的适用。甚至在一些时候，最高法院某个领导的讲话、某个会议纪要、某个业务庭的答复意见甚至最高法发布的某个通知都会在司法实践中起到指导审判行为的作用，软法在司法实践中可谓"小荷才露尖尖角"。我国司法机关的审判依据主要是由硬法体系所构成，甚至连制定程序相对软法更加规范的规章也不在司法机关审判依据之列，这使得软法的地位十分尴尬。"名不正则言不顺"，由于软法缺乏作为司法机关审判实践依据的规范地位，使得它无法顺利地融入司法程序之中，其实施与保障之程度由此可见一斑。

其次，由于当前我国的经济软法创制主体单一，其制定者大多为地方党政机关，而司法机关的相对弱势地位决定了它不能大面积地有效回应软法现象及相应的软法纠纷。从应然上说，政府干预市场领域中的经济软法发挥着"政府之手"与"市场之手"双重调节的重要作用，但是目前软法在实践中尚未完全有效运行，"没有政府的治理"远未实现。究其原因，主要是当前经济软法的制定权集中于国家机关，而由社会中间层与市场主体制定的软法屈指可数。

最后，从软法本身的内容来看，它也不易获得司法救济。从内容上来说，软法主要存在三个方面的问题阻碍其进入司法程序。其一，软法的内容较为模糊。这是指软法规定不甚明确的法律规范。在应然的意义上，任何法律的内容都应该简明易懂，其语言都应尽量通俗清晰。但是立法者在制定软法过程中对立法语言的使用不规范，软法规范内容含糊不清、模棱两可，很容易使得适用该软法者无所适从，因而造成司法者尽量避免适用该法的后果，软法自然不能充分发挥其作用。其二，软法缺乏法律后果。主要分为两种情况，一种是由于软法规范自身性质而不需要设定明确的法律后果，另一种是软法规范本应设定法律后果，但是由于立法者的失误而没有设定，从而导致软法逻辑结构的不完善。其三，软法规定缺乏强制力。这样的软法是在司法实践中由于某些原因未被遵守而导致没有实际执行力。这可能是由于软法内容与其他法律特别是硬法规定相互冲突，因此司法机关无法遵守软法规范导致其在实践中形同虚设。还有一种可能是，法律规定的某些行为规范在实践中被其他的行为规范所架空，导致其没有实际强制力。总之，大多数软法由于其本身内容的原因，具有一种非司法中心主义的特征，很多因素阻碍了软法在司法实践中的可适用性。

第四节　我国经济法中软法之治应当遵循的原则及完善对策

一、经济法中软法治理的原则

（一）软硬兼施

从公共治理这一理论出发，软法作为一种新规制手段，它的广泛适用促成了一种公共治理新模式的产生与发展，这种新的治理模式也正是软法有效实施的机制。相较于硬法，软法更加偏重于社会公共性，关注多元利益诉求，倚重协商民主，推崇认同、共识与合意，软法与公共治理具有相同的价值取向和功能定位，必然是一种有效的治理"双重失灵"的法律手段。

在政府干预市场过程中，硬法规范往往较为僵硬，其越来越不能适应瞬息万变的现代社会发展。由于现代社会日新月异，新兴科技迅猛发展，新生事物在经济领域内层出不穷，各种经济社会关系日益呈现出越来越复杂多样的特点，从而难以辨认。面对这种情况，立法者尽管积累了越来越多的立法经验，但其理性毕竟有限，其认识能力不可避免受到认知工具等各种因素的影响，难以超越自身与社会的局限制定出天衣无缝的法律。这就意味着立法者制定出来的法律始终落后于社会经济发展的脚步，难以解决社会生活中的种种问题。这是立法工作注定的局限。从硬法的制定来说，它一般只是在法条中规定了一般的假定、行为模式与法律后果，但是其要适用的情况却千差万别，其法律结构的僵化在实施过程中凸显无疑。基于稳定性的要求，硬法不能被频繁地修改与补充，从而很难应对现代社会的复杂性。尤其是在一些涉及国民经济的重要领域，法律的修订工作应经过严格的程序来展开，即遵循宪法与立法法等规定的立法步骤，硬法的局限注定了它难以成为政府干预市场运作的唯一法律依据。而软法规范由于其内容的灵活性、制定与修改程序的简便性，就为解决或者缓和这种困境提供了可能，软法可以有效地克服硬法适应社会生活的迟缓、僵化的弊端。

政府干预市场过程中的硬法规范属于传统国家法的范畴，遵循着既定的立法模式与立法技术，其不可避免地烙下了传统国家法的弊病。由于秉承着国家强制性、统一性、普遍性与权威性，硬法弹性不足、刚性有余，造成经济法难以适应国家市场经济的完善与发展；硬法特别注重国家的意志，而对市场主体特别是社会中间层主体的意志较少顾及，对多元主体的利益诉求难以反映；硬法偏重于依赖命令与服从的单一法律模式，对多元主体在法律层面的双向互动以及多元主体的积极性反应不足，严重限制了经济法律关系主体的主观能动性；硬法在立法层面陷入传统立法模式的窠臼，缺乏民主协商的精神，反而过于注重法律效力以及法律的形式理性，自然对法律的完善与发展难以做出反应；硬法通常侧重于公共管理，而对于公共服务却甚少侧重；硬法在制约政府干预权力的界限时比较有效，但是对于市场主体以及社会中间层主体的经济权利保护方面却激励不足；硬法的实施在诉诸国家强制力方面有余，但是对非强制性措施却信任不足，难以让市场主体产生一种亲和力与亲切感；硬法通常侧重强调法律效力，而对法律在实践过程中的实效却不太关注；硬法通常服从于法律体系的统一性、法制体系的安定性，而对市场经济的种种变化与波动反应不足；经济法中的硬法规范在立法过程中的社会参与不足、不平衡，影响经济法在协调社会整体利益中的效能的政策发挥。我国经过四十多年的改革开放，社会阶层已经分化，经济利益结构也相应地有了很大的调整与变化，形成了众多具有各自利益诉求的阶层与团体。假如这些价值各异、利益有别的阶层与团体对经济立法的诉求不能得到充分的表达，自然不利于形成平衡与兼顾各方利益的良好。基于此，硬法的缺陷就需要软法规范进行有效弥补。软法在具备诸多优点的同时，并不代表它就没有任何缺陷和弊端，它所不能解决的问题和不能化解的矛盾，需要通过硬法来配合解决。

（二）软法为主

寸有所长，尺有所短。经济中的软法与硬法规范存在着明显的互补关系：硬法的缺陷恰恰是软法的长处，软法所不能及的地方就需要硬法来配合、弥补，两者相辅相成，并行不悖，缺一不可。因此，政府在干预经济运行过程中，就必须两者兼顾，建立一种硬法与软法相互衔接、相互配合、体系完整、功能齐全的经济法制体系。但要注意的是，兼顾硬法与软法并非意味着简单地将硬法与软法两者等同起来，不分轻重、不论主次。结合中国经济法治的环境，并考虑到政府干预行为的特点，政府干预市场的软法之治宜实行：软硬兼顾，软法为主。论及对软法的倚重，主要存在着以下几方面的原因：

首先，我国政府干预市场领域为软法营造了生成空间。由于现代社会是已经实现了高度分工的复杂社会，对经济运行效率提出了更高的要求，因此在政府干预市场中能够迅速灵活简便处理各种复杂问题的软法规范便得到了广阔的用武之地。其实，与其他部门法比较，经济法这一政府干预市场之法具有突出鲜明的经济性特征，它与经济活动、经济机制、经济规律、经济体制、经济政策、经济杠杆等都有千丝万缕的关联性，涉及协调市场经济过程中的方方面面。现代背景下的政府干预市场，直接应对的是一个复杂多变的时代，要解决复杂的双重失灵问题，既要各类经济政策的综合运用，又要辅之以一个结构完善体系健全的经济法制度。同时，在制度的形成与构造上，为了适应经济社会发展对效率所提出的更高要求，现代经济法制度的改革与完善就必须以经济效率为主要考量，由此使得现代经济法制度具有高度的自足性。而政府干预市场领域中的软法规范，恰恰迎合了这一需求。政府干预市场法制与经济之间的紧密联系，反映了一个部门法的生机与活力，经济法的经济性使得经济软法规范在政府干预市场中发挥着举足轻重的作用。

其次，我国政府干预市场的经济法治环境与软法具有高度的契合性。这是因为，第一，我国经济法律关系主体的多样性决定了经济法律规范表现形式应当具有多样性。经济法律关系的主体是由政府主体、市场主体以及社会中间层主体所构成的，政府主体在干预经济过程中一般采取积极主动的行动，其经济法主体地位彰显无遗；而规制市场作为经济法中的重要组成部门，它强调通过法律来约束和规范市场主体及其行为；社会中间层主体则在政府与市场之间起到了中介和桥梁的作用。因此，这一抽象的经济法律关系概括必然隐含了经济法律规范也具有多元性。第二，政府干预市场过程中的灵活性和模糊性与软法语境十分切合。政府干预市场过程中，其法律调整手段具有经济性、政策性和回应性的导向，特别是执法与司法受到经济政策的影响较大，同时国家干预经济运行中更多的是通过授予政府以法规制定权、自由裁量权和准司法决定权来实现的。相较于其他的部门法比如民法、行政法与刑法，经济法的这一特征使得它更具有灵活性与模糊性，这无疑对经济法在政府干预市场过程中的实施提出了更高的要求。经济法在政府干预市场中的灵活性与模糊性语境，与软法所体现出来的灵活性、模糊性、纲领性、政策性的语境不谋而合。一般来说，政府干预市场中的软法实施较少是通过对经济法主体的行为模式设定强制性、确定性的要求而实现的，反而更多是通过确立某种原则、立场、目标、方针、路线规定、配套措施等方式，为经济法主体提供一种导向性的方式来实现的。第三，经济社会化导致立法的社会化与软法生成环境十分吻合。社会化促成了经济法的产生，经济法是市场经济发展到一定阶段的产物。最近一百多年的历史正是市场经济自身激烈变迁的过程，这一过程可以称之为经济社会化。经济社会化对制度的要求导致立法的社会化，相应地，经济社会化表现形式及程度的变迁必然导致经济法构成及其内容的变迁。而软法正是生产社会化的产物，软法的生成环境与经济法的生成环境有着共同的要求，所以在经济法领域中存在着大量的软法规范。

最后，我国经济法调整机制的动态性符合软法规范的制度性安排。改革开放以来，我国市场经济体制经历了多年的培育与发展，已经愈发成熟。但当前市场经济建设仍然处于关键的转型期，经济体制改革的核心问题是处理好政府与市场的关系，尊重市场规律，更好地发挥政府的作用。因此，建立符合市场经济法治要求、明确政府定位及其边界的经济法制体系是至关重要的。为此，政府自上而下推进的经济立法活动固然重要，但是考虑到我国社会主义与市场经济形态毕竟在人类历史上还是首次联合，虽然机遇重重，但是在未来也存在着相当的挑战与不确定性，在此意义上，我国的社会主义市场经济体制并非一个可以任意复制和套用的模式，其必定是一种处于不断发展与变化流动性过程。也因此，调整市场运作的经济法制也必将是一个动态发展的过程。从完善经济法制角度看，如果抛开国情把经济法制看作是一个放之四海而皆准的普世体系，就极有可能生搬硬套域外的市场经济法律，或从经济法制的先验角度出发设定一个理念型的模式，并按照这种模式复制一个包治百病的经济法制。而此种立法理念将导致政府干预市场的低效或者失能，并反过来限制一些逐渐兴起并行之有效的经济法制模式。故此，政府干预市场的经济法调整机制不能以一部如民法典之类的稳定法典为基本依据，它受到国家经济政策、政府职能转变以及国际经济走势等多种因素的影响。针对政府干预市场的运作过程，经济法的创制必须既考虑到法制的相对安定性，又必须结合市场经济生活的变化发展来做出及时地调整。因此，相比其他部门法规范，经济法规范的稳定性稍弱，灵活性更强。而经济法中的软法规范为了迎合此种动态的市场调节机制，为政府干预行为出台了一套相对弹性较大的制度框架，在具有开放、包容特点的经济立法过程中，大幅下降了经济法治的代价与成本。甚至在某些情况下，在硬法制定出来之前，相关领域的软法就已存在并做出极为宝贵的前期立法探索，此种试验性的经济软法调整机制将硬法制定过程中有可能存在的分歧与问题充分地发掘出来，并将之转化为一种比较灵活和温和的制度进路，从而实现了对经济法律关系的有效调整。

二、经济法中软法之治的完善对策

（一）明确软法制定主体及制定权限

经济法中软法制定主体可归纳为以下几种：一是就政府层面来说，国家或者政府的经济职能部门有权依据宪法或者组织法以及授权进行相应职权范围内的软法立法，执政党也有权制定全国的经济政策或者一些指导性文件。政府干预经济的合法性是政府依法行使权力的基本准则，更是中国市场化以及法治化建设的必然要求。如何解决政府干预经济的合法性与合理性是目前完善我国经济法治建设中的一项重要而紧迫的任务。当前，我国各级政府以及职能部门在履行经济职权的过程中，经常制定发布一些属于软法范畴的经济类"红头文件"用以调整市场经济领域中所发生的问题。但是政府及各职能部门的此种经济职权经常有意无意触及可以通过市场自身来调节的地带，造成公权力过分介入政府干预市场领域的立法，不仅容易滋生寻租腐败从而损害政府的公信力与权威性，而且也造成了市场经济的进一步紊乱。

基于此，针对政府层面的软法制定主体，应该坚持公权力"法无授权不可为"的法治原则，积极地实行权力清单与责任清单制度。全面及时梳理政府层面的行政性经济软法制定权，认真检视各项软法立法权的来源；对缺乏法定依据或者法定依据来源不明的软法制定权，应当及时取消；依法对软法文本逐条逐项展开合法性、合理性和必要性审查；在审查过程中，要广泛听取相关行业自主组织、市场主体以及有关领域专家学者的意见；公布权力清单，明确政府可以干什么，不可以干什么；积极推进责任清单，做到"法定责任必须为"。

除了政府层面的软法制定者外，某些社会中间层主体有权在法律、法规以及规章授权的范围内制定软法；各类经济组织也可以为了完善自身管理、规范对外经济交往等目的而制定软法。而在市场层面，法律、法规通常仅仅在一般的意义上规定各类市场主体的意思自治，而不会对某一市场主体的软法制定权限进行明确的规定，故市场主体制定的软法规范往往是出于各种市场经济实践的需要与自我保护的目的，比如某些公司为了规范公司的行为且保障公司股东的合法权益制定出的公司章程；有些企业为了促进技术进步、保证和提高产品质量以及改善经营管理和增加社会经济效益，制定出一些企业标准；消费者为了纠正经营者的不当经营行为、维护自身的合法权益而制定出来的某些规范性文件等等。

与政府主体的软法制定权应该严格遵守权力法定与责任法定原则有所不同，社会中间层主体与市场主体的软法制定权应该建立一系列"负面清单"机制，明确规定社会中间层主体与市场主体不可以干什么，做到"法无禁止皆可为"。一方面，通过简政放权，政府可以助力市场，为市场主体"松绑"，真正让市场在资源配置中起到决定性作用。另一方面，通过简政放权，政府也可以给力社会，为社会中间层主体"加油"，让社会的经济创造力充分地涌动。唯有如此，政府主体与社会中间层主体、市场主体三者的关系才真正是一种各司其职、良性互动的状态。

（二）科学设计软法执法程序

由于软法执行的启动较为灵活，程序缺乏透明，使得此种执法方式容易受到诸多因素的不当干扰，在实践当中容易异化为具有行政命令性色彩的强制性执法方式，市场主体失去选择的权利，不仅违背了市场规律导致企业的机会主义行为，也使得软法柔性治理所包含的意思自治、民主协商精神虚有其表。以约谈为例，在经济执法实践当中，一些经济执法部门就会以约谈之名行干预市场主体经营自主权之事。虽然按照软法执法的逻辑来讲，约谈本身是在政府与企业之间平等展开的，企业既可以参与约谈，也可以不参与约谈，既可以听取、接受政府的相关建议或指导，也可以在承担可能的违法后果的条件下拒绝接受政府的某一建议或者指导，这都是符合约谈这一制度的精神原则的。但是在很多约谈实践中，由于一些执法人员并没有理解柔性执法的精髓与内涵，凭借着行政管理的惯性思维，通过自身权力的优势，以现实或者未来的威胁强制相关市场主体违背自身的真实意思从而做出符合执法部门意图的承诺。

由于适用市场领域和范围的差异，我国当前实践中的软法执法程序设计在诸多细节上存在着许多差异，这使得在执法实体法律依据体系较为混乱的这一背景下，相关市场主体的合法权益非常容易受到侵害。而根据经济法治的基本原则，经济执法部门的执法必须严格按照法定程序进行，以切实维护相关市场主体的程序权益，防止、避免执法部门或者执法人员的权力滥用或权力寻租。在考虑到各执法领域特殊性的基础上，应该建立经济软法柔性执法的一般法律程序。具体来说，其制度设计可以按照如下几个步骤依次展开：在执法启动阶段，执法部门应该对执法问题进行尽职调研以确定其是否属于执法权内的事项，有无执法的必要。有执法必要的，执法部门应将执法相关事实、理由、时间、地点、被执法对象的权利与义务以及执法依据告知相关市场主体；在执法阶段中，执法人员应出示工作证件或表明身份，保障被执法对象就执法事项有陈述与申辩的权利和机会，也应该允许被执法者对执法人员的行为提出疑问和质疑。整个执法过程除涉及国家秘密、商业秘密等不便于公开的情形外，应该向社会公众充分开放，保障执法的公开透明；达成执法协议后，执法部门应该依据协议内容为相关市场主体提供帮助、指导，同时也要确保市场主体切实履行执法协议中所达成的内容，贯彻执法目的。

（三）增强软法规范条文可责性

经济法中软法规则对权利义务的规定只是各种软法立法者价值的体现与选择，其中的权利义务真正落到实处还需要有配套的程序机制来作为具体的路径，缺乏救济途径的权利是没有意义的，而缺乏程序保障的经济软法也只能徒有其表。所以，应当强化经济法中软法规范的可责性，其具体途径主要有以下几个方面。

首先，应当增强经济法中软法规范条文中的实体权利表述，对权利进行细化、具体化。当前，市场领域中的软法规范对实体权利的表述大多是较为模糊和原则性的表述，缺乏具体可行的实体权利表述。

其次，明确软法规范中的权利救济途径。在当前的市场经济领域中，数量众多的经济软法规范之所以不可诉，是因为规范中缺少对权利救济途径的规定。大部分经济软法对经济权利与经济职权规定得十分充分，对经济义务的规定也是如此。但是对包括相关经济主体的诉权在内的补救权利却避而不谈，于是乎，有权利义务而无诉权，缺少其他救济条款；或者有些经济软法规范尽管规定了诉讼的途径，但是对诉权的行使却作出一系列的限制性规定，实际上阻碍了诉权的充分行使。故此，应该对软法规范中的司法救济手段予以明确，规定相关软法主体可以将自己的纠纷诉诸法院或者向仲裁机构提起仲裁以强化软法的实施机制。

第七章　经济法规制在现实生活中的渗透探究

经济法与人们日常的经济生活密切相关，人们在做出追求利益最大化的经济行为时，必须对全社会经济秩序的正常运行承担相应的责任。本章着眼于人们现实生活中的海外代购问题、网约车问题以及网络虚假宣传行为问题，对其中的经济法规制进行研究。

第一节　海外代购的经济法规制

一、海外代购中存在的经济法问题

（一）经营者的欺诈问题

传统意义中的欺诈行为主要表现为故意不告知或者将不真实的信息告诉给对方，致使对方基于错误的信息进行签约的行为。海外代购多数以互联网的形式进行，人们享受便利的同时，需要提高警惕预防被欺诈，尤其是基于网络的海外代购中欺诈问题层出不穷，相对于卖方，消费者处于劣势。在通过网络购买海外商品时，卖家对买家的欺诈行为，主要包含收款后拒不发货以及所购商品与样品差异巨大等等。

海外代购不同于传统的交易方式，由于地域的差别以及时间上的区分，令原本在商业中存在的欺诈行为变得尤为明显，原因主要如下：

第一，信用机制不健全。由于网络的虚拟性，造成买卖双方信息不对等，因此欺诈问题尤为凸显。基于此，诚信机制异常重要，完备的信用体系是当下十分需要的。应该形成一套完备的、可行的对失信和违规行为的惩罚监督制度，形成个人信用评级和信用报告的完备信用评价体系，以避免消费者权益受到侵害。海外代购买家与卖家的交易平台大多是依托网络，这有异于普通购物方式。与普通交易平台相比这一平台有很多特点，不仅体验性和视觉性有所差异，滞后性、虚拟性等特点也十分明显，使得交易双方较难聚焦对平台的关注。与此同时，互联网的隐蔽性、虚幻性等特点使得交易过程存在极低的互动性，卖家提供信息的及时性较差，这让消费者仅仅通过文字描述以及卖家提供的照片对货品进行认知，这种非现实性的购物模式使得卖家身份的确定性及其提供信息的可信度受到极大的影响，也为卖家的欺骗行为提供了可能。

第二，相关制度不完善。一个新兴行业的有序健康发展，需要切实可行的制度作为保障。我国电商平台相较于西方发达国家起步较晚，相应配套的法律不足。在通过网络进行的海外代购中，有些销售者为了竞逐利益最大化而故意掩饰对自己有负面影响的信息，也有一些销售者故意传递虚假的信息混淆视听致使交易双方信息量不均衡。而作为买家的一方对此类事情并不知晓，根据卖家提供的信息选择自己心仪的货物而导致了卖方在交易过程中的欺诈。消费者并不了解卖方的情况，也无法对其行为进行监督，又有很大一部分交易通过互联网，更加造成了信息量不均衡这一情况，这就使得通过互联网的买卖之间存在欺诈的可能性增加且复杂。

(二) 消费者的权益保护问题

在海外代购过程中，买家对商品的具体情况并不能完全了解。这时就会有部分海外代购从业人员根据这一特殊情况营造国外商品的骗局以假充真、以次充好。一旦将质量不达标、不合格的产品如医用物品、美容护肤品以及可食用的商品售卖给消费者进行使用，就会对消费者的健康造成巨大的安全隐患甚至是极大的危害。消费者的权益保护问题具体如下：

第一，过多使用格式条款的问题。买家打算在电商平台选购商品之前应该有一个阅读并接受平台为消费者提供的由平台事先拟定的格式条款为内容的协议才能进行用户注册。例如，某网站会在协议中声明"当问题出现时，消费者和网站的卖家都达成一致将选择被告住所地的法院进行起诉"等内容。用户若不选择接受这些事先制定好的协议条款将不能成为该电商平台的正常使用者，这些条款在很大一部分情况下损害了买家的选择权而被框定为只能选择由平台事先制定好的解决办法，严重影响买家维权的途径和方式。另外，海外代购的从业者和买家沟通合同事先的情况时，也会约定多出的关税部分以及额外的费用由买家承担等问题。综上，这些不合理的事先约定好的格式条款在某种程度上对买家的公平交易权以及对购买商品的自主选择权造成了一定的侵害。

第二，海外代购商品退货的问题。根据《消费者权益保护法》的规定，从事经营活动的卖家通过网络平台销售货物，消费者有权利自其收到货物后的七日退换货物，也就是通过网络购物的买家享有七天之内不要任何理由就可以退货的权利，但是通过电商平台购买商品仍需要购物的有效证明，而在实际生活中买家如果向海外代购从业者要求其提供正规的购物发票或者其他类似的书面证据通常会被商家以各种理由拒绝甚至根本不提供。另外，买家在购买商品的过程中基于怕麻烦或者缺乏这方面意识的心理疏于保留相应的交易证据。并且，海外代购的从业者也可以通过其他手段对网络的交易证据进行更改或者清除。与此同时，买家若想对产品质量问题进行评判最直接的途径就是去专柜对商品进行鉴定，但是基于种种原因，很多我国境内的品牌专柜不提供通过别的途径购买的商品的验货服务。因为渠道的不同，代购中遇到质量有问题的产品也极难享受正常的品牌相应的待遇。以上情况，都会在时间上对消费者造成极大的压力使其很难七天内全部解决这些问题，从而享受到应有的赔偿。

二、海外代购欺诈行为的经济法规制

（一）设立信息公示制度

通过代购形式购买商品具有一定的特殊性，即多为通过虚拟空间，利用QQ、微信等通信软件进行，并且涉及的范围比较广，买卖双方能够顺利达成交易，在很多情况下是由于买家与卖家对自己的真实信息的有效披露。设立信息公示制度可以有效降低在代购中频繁出现的欺诈行为，对买卖双方的交易安全起到了很好的保障作用。对于公示的信息要考虑全面性、真实性、时效性。信息的全面性指的是代购从业者应该公开涉及确保交易的全面信息，而不应该有意隐瞒信息，欺骗消费者，影响消费者的判断，使其做出不准确的决定；信息的真实性是指代购从业人员所提供的交易信息应确保真实而不应有虚假成分；信息的时效性指的是代购从业者应该将买卖过程中涉及的影响交易的信息及时告知给消费者以免其受到损失。设立信息公示制度对不良从业者从某种程度上也是一种有效的制约，使其为欺诈付出代价。不良从业者的不良信用被公布后将极大影响其从业的资格和成交率，从而有效保护消费者的切身利益，减少矛盾的发生。

详细而言，应进行公示的信息有：

第一，卖家的真实身份情况。电商平台与实名认证的有关机构应通力合作，对代购从业者的真实身份情况加以确认，应和各有关部门增加联系以确定其身份信息的真实性，如和公安机关的户籍部门、银行的银行卡实名认证部门以及相关的市场监督部门加强联系。与这些部门取得紧密联系并确立卖家准确信息之后将其逐一公示，使消费者能顺利知悉。

第二，代购的货物及售后的信息。消费者与代购从业者交易的过程中，引发争执较大的因素就是所购的货物并非预购商品，这一情况与代购从业者对代购的货物及售后的信息公示程度大小有直接关系。为了避免这一情况的频繁发生，代购从业者需要及时公示所售商品的详细情况，以免因消费者对产品特性不了解而受到损失，甚至因对使用情况不明而造成人身伤害。

(二) 完善社会信用制度

法律是解决问题的最后屏障，而整体的信用机制可以实现先期的预防作用。树立完备的整体信用机制意义深远，不仅能增进海外代购电商平台公平贸易的真实性和可视性，以达到买卖双方尤其是买方对卖方货物信息知晓程度的提高，从而准确做出判断。并且，也可以减少海外代购电商平台贸易诈骗发生的频率，促使代购从业者能尽到勤勉义务，诚信经营，使买家的权益得到有效保护，从而促进整个行业风气的优良发展。

第一，建立信用评价体系。当今社会，已然进入信用经济时代。消费信用就是在现有交易环境下借助银行推出的信誉贷款措施，拉动经济增长，网上消费更是如此。在线交易中，信用度高低成为买家挑选卖方的重要影响因素，因而建立信用评价体系显得尤为重要。考虑到网络交易的便捷、交互特性，适合建立包括交易者相互评价体系和第三方专业机构信用评价机制的在线信用评价体系。交易者相互评价体系是指在买卖完成后的有效期间内，交易者对照购物网站给出的诸如"实物与描述相符度""卖家服务态度""卖家发货速度"等评价参数，给予打分评价，该评价长期积聚，产生信用等级，把这些信息在网上公布于众，全民同享，便形成了信用评价体系。

第二，建立失信、违规行为监督惩罚机制。信用评价体系属于一种事前的防御机制，那么建立失信、违规行为监督惩罚机制则是一种事后惩处机制。目前，我国应尽快完善失信、违规行为监督惩罚机制，规范海外代购网络交易行为，严厉打击和杜绝海外代购中的欺诈行为和不良动机的投机行为，对失信且带来严重后果的人员予以制裁，包括对其处以罚款并责令终止失信行为，此外把该次不良行为记录在案，同时予以公布，一定时间内限制其取得工商注册、银行贷款、消费信贷等，使其承受因为自己的行为所带来的恶劣后果。同时，还可以通过制定具体的违约惩罚规范对具体交易行为加以规定，从而规范网络交易行为，打击违规不法行为，对于不法分子的欺诈违法行为起到震慑和惩治目的，净化海外代购网络交易环境，严肃网络交易秩序。

三、海外代购消费者权益保护的经济法规制

（一）规范格式条款的使用

在海外代购交易过程中，商家事先拟制的格式条款使用频繁，也符合市场经济追求效率的特点，这一情况有一定的传统和现实性，然而《消费者权益保护法》进一步完善后，海外代购市场上依然使用着很多不符合规定的格式条款，有些是没有法律效力的，也有些缺乏一定的合理性，这些情况泛滥的同时也违背了最新《消费者权益保护法》第 26 条的有关规定，如经营者不得以格式条款、通知、声明、店堂告示等方式，作出排除或者限制消费者权利、减轻或者免除经营者责任、加重消费者责任等对消费者不公平、不合理的规定，不得利用格式条款并借助技术手段强制交易。海外代购从业者存在违背法律规定不合理使用格式条款的情况，鉴于此，立法机构应该在法律中适当地对格式条款的界定、使用范畴、不支持履行的情况进行规制。另外，第三方海外代购电商平台也应该严格约束海外代购从业人员加强自律，自觉合理使用格式条款，不违反法律的相应规定。

（二）明确、细化侵害消费者权益的责任问题

《消费者权益保护法》第 44 条规定：消费者通过网络交易平台购买商品或者接受服务，其合法权益受到损害的，可以向销售者或者服务者要求赔偿。网络交易平台提供者不能提供销售者或者服务者的真实名称、地址和有效联系方式的，消费者也可以向网络交易平台提供者要求赔偿；网络交易平台提供者作出更有利于消费者的承诺的，应当履行承诺。网络交易平台提供者赔偿后，有权向销售者或者服务者追偿。该条规定表明了基于电商平台进行的买卖关系产生问题由谁具体负责，当买家的权益受到侵犯时，《消费者权益保护法》规定其可以向卖家寻求救济，也能够向购物平台寻求解决办法，购物平台本身在这一侵权责任发生中存在一定过错的话也必须承担相应责任。此条款的提出具有一举多得的效果，对买家的权益起到了保障作用，也框定出了卖家与第三方购物网站的责任问题，避免问题发生时双方逃避担责。但是，在现实生活中很多消费者都不是通过大型的电商平台进行海外代购，而是通过即时通信软件进行购物以及熟人之间的帮带进行购物，这时候的责任认定就会产生一定的问题，即时通信软件如微信、QQ 等的责任商应否为发生侵权情况负责且如何负责，也是目前法律亟待解决的问题。加之，买家对权益进行维护需要自己搜集并固定证据，在实际生活中证据的保留是有一定难度的。尽管在法律中有类似

规定，如卖家应当在商品交易的过程中主动为买家提供购买商品的有效书面凭据、税务发票以求保护买家的合法权益，保留相关证据。然而通过网络进行的海外代购中，买家的一切购买行为都是通过互联网实现的，具有一定的虚拟性与隐蔽性，交易证据的保留存在一定困难，这一漏洞需要法律不断完善。

第二节 网约车的经济法规制

一、网约车规制的必要性

网约车是网络预约出租汽车的简称，网约车服务是指依托互联网技术，利用大数据构建服务平台，整合、传递网约车相关的供需信息，使用符合准入条件的车辆和驾驶员，提供区别于传统巡游预约出租车服务的经营服务。网约车作为特定主体，应该受到获得法律授权的相关部门的监管，尤其是在共享经济飞速发展的今天，网约车规制十分必要。

（一）竞争乱象频生，亟待合理整治

对于网约车自由竞争市场，我们应看到它对于出行服务的调节作用，除了具有普惠性的日常的城市公共交通，网约车平台提供的汽车服务补足了公共交通的空白点，对于一直拥有特许经营权的存在于市场的出租车行业垄断带来了冲击，饱受传统出租车"宰客"等行为之苦的消费群体，能够通过网约车及时传递需求信息，同时迅速掌握价格的涨落以及市场信息的变化。科学、理性的竞争市场可以推动科学技术和经营管理的进步，促进劳动生产率的提高和资源配置的积极作用，当然其自发调节也具有局限性。网约车作为共享经济的主要代表之一，具有自发性、盲目性和滞后性等市场经济与生俱来的缺陷。不仅如此，从伦理学的角度来看，自由的市场经济主体往往注重追求自我利益价值的最大化，一旦政府放手交由市场自发调节，自私、贪婪、物质主义和权力至上的观念将弥漫整个市场，自然垄断、负外部性等市场失灵状况逐渐显著，自由、公平的环境将不复存在。在行业整合逐步规范的阶段，垄断等问题将会阻碍网约车发展，因此，纯粹依靠市场调节来规范网约车行业发展明显不切实际。

私家车进入营运市场之初，实际上对传统市场秩序造成了较大冲击，原有制度的破坏不仅给传统出租车行业从业者带来了极高的负外部性，以此引发的出租车司机抗议等群体性上访事件更对社会和谐稳定带来了不良影响。资本实力雄厚的企业在短期内通过承受低价损失的手段，实现排挤、驱逐资源有限竞争者的目的，大量补贴培育出的巨大用户市场，实际上存在着破坏市场价格秩序的问题，并不利于行业长期、良性发展。

步入共享经济规范化发展之路后，部分地方政府开始对网约车进行审慎规制，制定了关于其发展的实施细则，但站在公共利益理论角度来说，政府规制如果达不到提高市场活力和维护社会公正的预期目的，就会产生负面效应，从而导致社会福利和经济效益的净损失。在此种情况下，以部分地方政府制定的网约车较为严格的准入标准为例，设置进入此行业的限制往往是基于资源的稀缺或者行业的丰厚利润，规制者往往会利用手中的行政权力，人为地利用行政干预手段增加某些行业或者组织的利润，违背规则创租，迫使企业被动向他们"寻租"，最终得到"租金"。同时，规制者也可能着重把握某一方利益或者自身利益，利用自己的控制权优势，故意提出明知会使一些企业的利益遭受损害的政策或规定作为胁迫手段，驱使规制收紧，迫使这些组织割舍部分利益给规制者，这不会导致社会福利最大化，甚至可能滋生腐败。因为网约车涉及公共交通安全和秩序，政府更应该确保社会公共利益的底线，把握好规制的"度"，避免出现权力寻租现象。

与公共交通服务明显的公益属性不同，网约车服务的本质是一种商业行为，最终目的仍是追求经济利益最大化。在网约车市场上，以滴滴平台入驻的司机数量及其占据的市场份额来说，虽然易到等平台好评如潮，滴滴还因为安全事故问题信誉度一度下跌，但放眼望去，如今依然不存在能与之抗衡的竞争对手。在初期形成的大规模用户群体，随着用户规模稳定、补贴减少、平台抽成增高，司机与乘客的各项费用水涨船高，网约车平台却可以凭借其优势地位，通过注册费、交易费等的收取而轻松完成收益。除此之外，形成实质垄断地位后，低质量服务以及超高的服务费用伴随而来，平台以天气状况恶劣、交通拥堵等情况为由，不断增加服务费用，有时甚至高达正常费用的4倍；在用车高峰时段，除了需要等位排队，对于临时加价的计费标准等信息却说明全无。这在一定程度上是滴滴滥用其市场支配地位、制定垄断高价、侵害消费者利益来追求自身利润最大化的表现，这些短时的做法对网约车行业的可持续发展造成十分不利的影响。

（二）规范发展成为社会共识

从实际发展情况来看，传统出租车行业受到网约车冲击之初，各地政府大都采取约谈、入驻检查、开展专项行动等手段对私家车进入营运市场提供服务的行为进行打击。随着共享经济的发展，网约车合法地位得到确立，中央层面对网约车行业进行了针对性的部门立法，但中央和地方、地方不同城市之间关于网约车政策宽严程度却分化严重。除此之外，对于私人小客车的合乘出行业务，中央积极鼓励地方政府进行探索并规范其发展，制定好相应规定，明确合乘服务提供者、合乘者和合乘信息服务平台等多方主体的权利和义务。随着问题暴露得越来越充分，社会各界对共享经济的理念、模式以及经济社会影响的认识不断深化，对于网约车规制的必要性、现实性日益形成社会共识。纵观网约车行业发展的实际状况，网约车想要获得长久、稳固的市场地位，保持健康、规范、可持续发展的积极态势，就应该在公平公正公开的立场上，坚持法治原则，设定并执行科学的市场规则，努力克服市场自发性的弊端，尽量避免市场失灵现象的发生，从多个方面完善市场功能，采取行政、法律、技术多管齐下的规制措施十分必要。

二、网约车经济法规制的困境

（一）规制理念及包容审慎适度性存在偏差

网约车作为共享经济发展催生的新兴产物，就如一把双刃剑一般在带来新变化的同时也催生了一些新问题，但对于新问题，各地还处在探寻摸索的阶段，存在些许空白和不足。

首先，从各地方政府对网约车的整体规制理念上来说，虽然肯定了其发展新动能的积极作用，但创新的约束性规制颇多，受传统法律规制理念的束缚依旧较为严重。以交通部 2018 年印发的《出租汽车服务质量信誉考核办法》为例，其考核办法适用的出租汽车企业，包括传统巡游出租车和网络预约出租车，虽然在具体条文中将出租车与网约车区分开来，但对比二者相关考核指标和等级划分标准，除了网约车平台公司在企业管理、安全保障、服务、社会责任及加分项五个要素之上添加了信息数据指标，其他方面并无太大差异。毋庸置疑，考核办法对于统筹网约车与传统出租车的差异化经营和错位发展、为社会公众提供品质化、多样化的运输服务意义重大，但因为对网约车进行管理、规制的过程都主要由地方政府自主进行，而面对频发的事故以及审慎的考虑，绝大部分地方规制部门仍然延续使用传统规制办法，将希望寄托于借鉴、沿用传统的出租车管制方式。单纯的移植格式化规制模式，不仅与中央鼓励创新、开放包容发展的政策导向严重背离，也极其容易将共享经济发展迸发出的创新活力扼杀在摇篮之中，加重了网约车行业从业者的负担，可能导致资源集中优势减弱的局面，不利于公平竞争、和谐稳定市场经济环境的构建。另一方面，面对极速更新的网络技术，生搬硬套也可能导致政府信息滞后带来的不利后果。

其次，在网约车发展的各个阶段，包容审慎监管存在断裂现象，在初期较为充分的监管包容，伴随"网约车新规"的出台又表现出监管审慎的一面，创新与规制之间的矛盾表现为不合理的市场竞争秩序。网约车发展初期，监管机构选择"让创新飞一会儿"，既为出行共享的"互联网+"留有衍生空间，又为政策的制定提供较为充裕的调研与论证时间，但由于自由市场存在的先天性缺陷以及监管的过度包容，隐患也随之而来。自由市场先天性缺陷以及过度包容带来的不利后果主要表现为网约车发展过程中的补贴投入。为了吸引更多的司机入驻平台，提高平台运力，网约车公司大多会采取高额价格补贴的方式驱逐竞争对手，通过资本竞赛式的竞争策略抢占市场份额，以提高交易量和估值，最终却忽视了对网约车产品服务本质的关注。

从准入标准来看，不同的城市虽然看似遵循"差异化经营、高端化服务"的基本原则，但部分地方将网约车"锚定"在交通领域之下，将"安全"视为地方政府政策设计的核心、"秩序"和"监管"视为网约车政策的关键，对网约车设置了远高于巡游出租车的准入要求，试图通过对运营车辆、驾驶员和平台的准入限制实现市场风险识别与秩序安全，并对司机户籍、车辆牌照、汽车排量、轴距、载客数以及车长等作出了细致规定，甚至有些城市对司机的学历也提出要求。

如此一来，网约车身份合法化的同时，过于严格的准入标准严重偏离了"包容"原则，由此形成的巨大障碍将大量的网约车被拒之门外，大量的潜在经营者也被排斥在市场之外，与提供多元灵活的出行方式初衷相背离，新生事物积极性遭受打击、发展空间被大大压缩必然导致市场规模萎缩，市场配置资源的能力受限，结构性垄断的概率增加，市场不能按照经济发展规律获得充分发展。另外，关于资质审查，需要准备大量的证明材料、履行各种准入手续，系列材料的办理都是需要成本的，此种成本不仅是相关单位和个人的私人成本，也是一种社会成本。因此，网约车较为烦琐的准入条件和程序要求必然影响经济运行的整体效率。最重要的是，这样的准入标准限制了市场主体从事经济活动的机会，可能使大量社会成员丧失从事网约车经营活动而谋生的机会，劳动者充分就业的机会被限制。

（二）消费者权益难保护

以网约车中涉及消费者公平交易权的问题为例，网约车平台在发展初期，依靠大量资本消耗"烧"出巨大的消费市场，当网约车的合法身份日渐被认同，人们的出行方式受到网约车影响而发生巨大改变之时，网约车平台当初宣传的公共属性逐渐变化，打车费用"稳步上升"。从当前的实际情况来看，网约车经常会出现在早晚高峰，节假日来临，尤其是学校、人员聚集的地区，这个时候，网约车并没有缓解城市交通的拥堵，甚至在这样的用车高峰时期，溢价达到平时的4倍。当然，在恶劣天气，司机接单后适当加价无可厚非，但也有许多乘客反映，如果在一段时间内连续使用同一个打车软件，后期经常出现路线相同、网约车服务收费却日益增高的现象，对于这一问题，平台也未能给出合理解释。网约车通过市场供求关系确定价格，其自身的目的在于合理配置市场资源，但此种情况下的网约车不仅没有减轻公共交通的压力，而且这种定价机制忽略了网约车提供的服务与获得的报酬之间的等价原则，利用人们消费习惯的改变对消费者的公平交易权造成了实际损害。

在生活中，其实《消费者权益保护法》对于消费者的权利以及经营者义务都有明确的规定，希望能够保证乘客在遭受损失时获得充分救济，但在网约车这一行业涉及有关消费者的问题中，救济的实践却不尽人意，资质难查、纠纷难取证、投诉难成为网约车被乘客诟病的三大问题。

首先，由于网约车属性极其容易隐藏，对于网约车车主没有办理网约车运输证或者网约车驾驶证等证件的非法网约车，消费者往往难以轻松瞧见端倪，对于其的资格、资质很难做到全面准确的判断；其次，网约车纠纷取证难度较大。相较于出租车强制要求安装的GPS、监控等设备，网约车基于设备装置等的不足，乘客往往缺乏取得或保留司机实施侵权行为有效证据的条件，如若遭受威胁或发生实际损害，在向平台投诉时也只能因为缺乏证据而在其敷衍中不了了之。当然，实际中也不乏许多乘客因为损害相对较小，认为依靠诉讼维护权益需要花费大量时间和金钱，或者投诉无门而直接放弃个人诉求的例子。

在目前的制度下，司机侵权成本低，乘客救济渠道十分不畅，平台公司负责投诉处理的部门因为缺乏专业知识，对一些事实责任的认定模糊不清。更为夸张的是，一些公司为了维护自身形象，甚至会包庇、掩盖其员工的错误行为，平台"迂回婉转"的处理方式让许多消费者有苦难言。长此以往，这样的局面会降低消费者对于网约车行业的信任度，平台的包庇行为会造成整体服务质量的下滑，网约车行业的健康可持续发展也会受到极为不良的影响。因此，在实践中，相关部门应尽快督促、建立合理的救济体系，明确行之有效的损害救济程序，为选择网约车出行的消费者提供更便捷、更高效、更全面的诉求渠道和便利服务。

三、网约车经济法规制的优化

（一）推动建立立体化监管模式

1. 坚持鼓励创新的规制原则

有学者将创新定义为产生新创意，并运用新的程序、产品和服务，将其运用于社会、商业实践的能力①。网约车是共享经济时代诞生的新生儿，它依托于互联网技术，充分利用社会闲置资源，带来了现代出行方式、商业运营模式等多个方面的创新，不仅降低了交易成本，对改善社会民生方面也发挥了不容小觑的作用。除了对创新性的肯定，纵观网约车从诞生之初各地政府的"模糊监管"到审慎限制，宽容和打击都没能阻止其蓬勃发展这一事实，因此，应该完善包容审慎原则在竞争市场的合理运用，坚持对网约车的激励性规制。在网约车的准入方面，政府的规制目标不应该放在大量非安全因素的考虑而制定严苛的准入标准上，而应转变传统规制理念，着重提升网约车经营服务质量，对平台的监管进一步完善，督促平台将责任落到实处，将服务质量的考核标准与传统出租车区别开来，充分发挥网约车服务的灵活性和多样性。

除了坚持对网约车的激励性原则，也要明确"利益中立"条件下市场引导的政府角色定位。政府对共享经济的治理不应该是对既有收益的强化，更不应该是对现状的放任不理，而是以利益中立为基础，将引导市场良性发展的目标导入规制立法的政策制定过程之中。既要确保网约车市场内部的竞争性，引导市场理性竞争，为新经济形式保驾护航，另一方面也要通过网约车发展促进出租车市场的竞争与开放，推动传统经济形式的改造。在推动网约车发展的同时，要张弛有度，协同促进网约车市场的创新性和竞争性，全面推动传统出租车行业的改革，加快推进出租车经营权、利益分配、运价机制等的改革，给出租车"减负松绑"。

2. 促成"政+企"合作新模式

随着科技的发展，传统规制模式已经很难适用发展日新月异的互联网新经济，网约车在不断发展的同时又出现诸多乱象。面对此种情况，以创新驱动和全社会福祉为目标来推动整个行业的平稳转型，事实上可以探索创新性治理模式加强政府与企业的创新合作，实现政府规制部门与网约车平台公司的功能整合，在保留政府规制前提下，融合网约车平台企业进行自我规制，从而形成多赢局面。

---

① 蒋大兴，王首杰. 共享经济的法律规制［J］. 中国社会科学，2017（9）：145.

对政府来说，规制重点放在对平台企业的引导上，放开资格审查和信息收集的权力，实现政府—平台—司机的规制层级：中央政府监管部门负责对网约车平台公司（总公司）设计的统一适用的安全管理规则等方案进行审查，地方政府监管部门则负责对所辖网约车平台公司（分公司）的实际运营情况进行监督与管理，对涉及的监管责任具体到各行政主管部门，实现公安、质监、价格等多部门的联动监管；平台公司负责信息收集和资格审查，允许政府对乘客评价等数据信息随时调取，尤其是面临重大突发事件时对参与者状况以及与用户安全相关信息的调取，逐步建立起政府与平台之间的有效信息共享，明确数据共享的具体要求，并接受政府的不定期检查，以确保尽到相关义务，一旦公司不能向政府提供相应信息或不能证明尽到了监管义务，则由政府进行相应处罚。除此之外，政府应该将监管目标转向安全性目标为主，进一步强调平台安全审查义务，要求平台对司机进行严格的刑事犯罪审查和背景调查，关于此处，建议政府配合联通数据库的建立，为平台适当提供信息便利，以助平台高效、准确地排除不合要求的司机进入网约车行业。此外，对于车辆安全的审查标准可以借鉴当今普通汽车的合格标准，做出更加具体、细致的规定，并交由具有资质的第三方机构进行安全认证，规定平台按照标准对车辆的安全资质进行严格审查。

对平台来说，明确自身社会责任，利用优势手段实现自我规制可以从以下几方面入手：第一，在网约车的发展过程中，不能只单纯追求自我利益最大化，为收割市场红利而纵容部分司机的违法行为，必须认真履行对车辆、驾驶员的资格审查义务。第二，平台企业应利用技术规制优势对乘客人身安全加以保障，优化升级数据、算法等信息技术，完善客户端功能。滴滴"一键报警"、行程分享以及行程录音功能，就是平台加强安全技术能力，配合政府推动合规化治理的体现，值得肯定推广。第三，平台还应该建立乘客可见的评估系统以及行业内部的奖惩机制，对司机身份不符、态度恶劣等消费者的投诉进行及时处理、评估与反馈，对网约车司机服务过程中失范行为的性质、程度以及次数等信息进行信息披露。除此之外，网约车平台可以综合车人信息、消费者评价与投诉、违法次数、抽检结果等指标，参照社会信用评价体系，对入驻本平台的司机进行整体信用评级并面向公众公布信用评级信息，推进信用记录共享应用，对评价等级较高的进行现金、物质等奖励，评价等级过低的，可予以信用罚金并责令整改，情节严重的可进行失信惩戒，暂停平台服务或要求其退出平台。司机评价与信用挂钩，不仅有利于社会信用体系的构建，侧面提高社会信用意识，对于消费者来说，也可以根据信用度更加简便地进行观测、评估，进行理性选择。

（二）强化消费者权益保护

中国消费者协会原副秘书长武高汉，在《发展共享经济一定要坚决保护消费者的合法权益》的主题演讲中曾提到，在共享经济发展过程中，一定要坚决保护消费者的合法权益。如果消费者的合法权益被损害而且无法挽回，那么共享经济的发展就不会走得很远①。消费者形成的分享消费认同、对分享消费的感知价值、对平台的隐私保护能力和反馈机制的有效性感知，对其形成平台信任有显著正向影响。其中，消费者对平台的反馈机制的有效性感知对其形成平台信任的影响最大，随后分别是其形成的分享消费认同、对分享消费的感知价值以及对平台的隐私保护能力的有效性感知②。

首先，明确网约车平台的信息披露义务，在消费者知情权方面则表现为，消费者应当被及时、有效地告知所预约汽车情况、驾驶员的个人驾驶信息以及网约车服务中的价格计算标准和支付方式，履行好实质审查义务，确保所披露的信息应满足真实、充分、有效，对提供不实信息的司机予以处罚。其次，对于软件中绑定的关联性强制性支付问题，平台应该予以技术解除，对于高峰时期的不合理加价问题应该引入政府的弹性指导定价，市场定价与政府指导价有机结合，允许网约车在一个合理区间内调整定价，并及时公布加价的具体原因及加价费用计算标准，对消费者的公平交易权充分尊重，不利用消费者消费习惯的改变而"杀熟"。最后，对于网约车消费者救济渠道不畅通的问题，可以将保险赔偿纳入网约车行业赔偿体系中。保险救济的引入很好地缓解了平台、司机、乘客关于损害赔偿的尴尬局面，乘客权利如果受到侵害，则可以通过保险赔付金弥补损失，平台与司机也能最大限度地降低自身风险。但对于保险合同条款，还是应该进行审慎考虑、科学设计，如可以借鉴美国加州的做法，对保险险种、期间、费率进行综合性考量，尝试将私家车保险及商业保险相融合，打破壁垒，注意避免"因性质改变而拒绝理赔"的现象。对于乘客安全问题，除了平台在"一键报警"等具体技术上的创新，更应该着眼于建立、完善政府与企业平台的联动应急处置，把网约车规制目标由限制性目标向安全性目标转变，尤其是加快数据有效共享的步伐，辅助平台加强司机背景的安全审查，避免安全漏洞。另外，由于向平台投诉仍是消费者维护自身权利的第一选择，可以将对消费者投诉的处理情况纳入公司平台的考核范围，要求平台提升投诉处理客服人员的能力素养，制定专门的网约车投诉热线，明确投诉时间

---

① 武高汉. 发展共享经济一定要坚决保护消费者的合法权益［J］. 中国商界，2017（12）：31.
② 官燕. 分享经济中消费者的信任建立机制［D］. 广州：广东外语外贸大学，2017.

以及需要提供的具体证据材料，畅通平台投诉热线，及时处理问题，积极维护消费者权益。

第三节　网络虚假宣传行为的经济法规制

一、网络虚假宣传行为的界定及其特征

（一）网络虚假宣传行为的界定

我国目前对网络虚假宣传行为还没有明确的法律界定，学界也持有不同观点。如冯晓青认为虚构不同于真实情况的宣传、通过指意不明的宣传语等足够引人误解的方法去非法获利的，构成网络虚假宣传①。郭俭以能误导消费者，影响其购买决定作为认定网络虚假宣传的标准，并不一定要真的达成购买的结果②。相较于传统意义上的虚假宣传行为，网络虚假宣传行为主体复杂、方式多样，但其源头和终点始终是一致的，即通过虚构失实的宣传信息，引诱、欺骗受众进而完成购买的行为。

综上所述，网络虚假宣传行为指网络经济市场中的商品经营者、服务经营者、广告经营者、第三方平台经营者等主体，对所经营商品、服务的品质、销量、口碑等信息的宣传存在虚假披露、引人误解的披露，或者是帮助他人实施前述虚假宣传，以此谋取商业利益的行为，是一种侵害消费者合法权益、排挤其他网络经营者、破坏市场公平竞争秩序的不正当竞争行为。

（二）网络虚假宣传行为的特征

1. 宣传手段的专业技术性

大部分网络虚假宣传行为对互联网技术的依赖是与生俱来的，一旦没有了技术支撑，违法行为也很难存续下去。如一些正规的网购平台被非法经营者利用后，在其界面上插入了广告弹窗或虚拟域名的诈骗网站，用户只需轻轻一点，无意间就会落入圈套，很多违法经营者手段高明，可以使虚假宣传的网站

---

① 冯晓青．不正当竞争及其他知识产权侵权专题判解与学理研究［M］．北京：中国大百科全书出版社，2010：113-114．
② 郭俭．不正当竞争纠纷诉讼指引与实务解答［M］．北京：法律出版社，2014：63-64．

和原网站极其相似，让人难以辨别，消费者信以为真后主动输入转账密码，从而遭受财产损失。如今很多应用 App 早已不再只是普通的信息媒介，从以前的论坛、贴吧的小范围受众，到现在竞价排名系统、团队刷单炒信、大数据收集分析用户喜好等新兴产业，对用户的可接收信息做出了过分干扰，消费者很多时候没有意识到自己被控制了，损害了消费者的自主选择权。具体手段为网络经营者使用邮件发送、短信轰炸、微信推送等方式准确地把宣传内容传播给了潜在的消费群体，这种强制推送的手段使得接受一方难以事先屏蔽，更高级的甚至会根据具体受众人的需求推送信息内容，无形中左右了受众人的决定。虽然大部分人都能识别出来这属于垃圾信息，但是人们一般也只能无奈接受，听之任之，而这也会涉及新的权利义务责任，很容易侵犯消费者的隐私权等个人权益，严重扰乱市场秩序。

2. 传播范围的不可预见性

在互联网中，只要一个消息发出去，就无法确切地知道这则消息影响了什么人，影响到多少人，由于没有地域和人群界限，再加上网络信息一般都平实简单、呈现形式生动，传播的受众范围更加广泛。这种广泛性和难以预料性代表着，人人都是网络违法行为的潜在受害者。这种不可预见的特性给行政监管和司法判决带来了新的难题，加之网络环境的隐蔽性，其中的违法者并没有实名制，对其定位也要花上一些功夫；另外，网络行为多发生在虚拟平台，宣传途径具有的交互性，也会导致疑难证据难留存。交互是一种互动的过程，有信息的接受，也有意见的反馈。虽然以前的宣传媒介如电台、报刊是具有交互性的，但相比网络技术支持下的新媒介，局限性很大。新媒介有着巨大的信息承载量，宣传时可以实现多方实时在线交流，突破了时间空间的局限。例如，在网购时，如果店主或客服不在线，消费者的对话框会一直保留，当商家上线看到留言后，可以及时回复；有的商家配备 24 小时在线客服，可以和顾客随时交流，就像在线下交易一样方便；顾客还可以和之前购物的买家在线上留言交流，同时浏览其他买家的使用心得和实物晒图。当然，信息交互这个不可预见的过程中会产生大量虚假宣传行为，这本身很难避免的，因为信息经过不断地重新制作和重新传播，自然就容易出现一系列网络虚假宣传现象，如刷单。

二、网络虚假宣传行为经济法规制的必要性

（一）经营者层面

国内互联网刚兴起时，大部分人都持观望态度，但也有一些网络经营者敢为人先，灵敏地从中捕捉到商机，借助着时代浪潮，坚定地开辟出一番天地，

淘到了第一桶金，此后更是随着互联网的飞速发展，积累了大量财富。机会总是稍纵即逝的，如今的互联网虽然依旧是逐梦的舞台，但竞争日渐激烈，不断更新的技术、不断过时的商品，使得一些经营者感到危机。此时他们本该把精力花在创新经营模式，努力以物美价廉的商品吸引更多消费者，但令人遗憾的是，一部分人选择了投机取巧，想要通过虚假宣传等不正当竞争行为去谋利，比如恶意评价贬损其他经营者、雇人刷单欺骗消费者等，这种行为打破了市场平衡，侵犯了其他网络经营者的公平竞争权，因为虚假宣传经营者谋求到更多交易机会的同时也就意味着其他合法经营者的机会被挤占，这是非常不公平的。

（二）消费者层面

相对于网络经营者来说，消费者处于弱势地位，掌握信息的充分程度远远比不上网络经营者，这种信息不对称再加上互联网的特性，就导致消费者只能依靠网络经营者的描述、其他消费者的评价和平台对网络经营者的等级评定等要素，去判断商品或服务到底品质如何，适不适合自己。但是网络虚假宣传行为的泛滥，会使得消费者的参考指标不再可信，甚至还会误导消费者。比如，店铺雇人刷好评、网络水军恶意差评等行为，都严重损害着消费者的知情权、公平交易权。因此我国经济法部门中的重要法律，如《反不正当竞争法》《消费者权益保护法》都把维护消费者合法权益作为立法目的和意图。长远看来，监督网络经营者诚信经营，教育他们树立诚信道德观，是从根本上最大可能地保障了消费者的各项权利，让网络消费者也能买得放心、逛得开心，对网络交易市场依旧充满信心，这样网络经营者才能长期经营下去。

（三）市场秩序层面

网络市场要想有良好秩序，关键在于规制网络虚假宣传行为，在公平有秩序的环境下，更有助于促成交易，从而实现网络市场经济的蓬勃发展。但什么是网络经济秩序？其实分为两方面：虚拟经济秩序和实体经济秩序。像电子商务平台、网络服务提供者等虚拟经济主体出现后，传统的宏观调控措施就显得有些力不从心。而一旦这些虚拟经济主体实施虚假宣传行为破坏了市场秩序，网络市场自我调节失效，也会给国家的宏观调控机制带来很重负担。德国经济学家路德维希·艾哈德（Ludwig Wilhelm Erhard）说过："竞争可以带来繁荣更可以稳固繁荣，并且伴随着经济繁荣而来的各种获利，如若仰仗竞争来保障，人人均可受益。就像消费者亦可以从商家的竞争中收获实惠。"① 由此可见竞争是何等的重要，而网络虚假宣传则是变相在扼杀竞争，一些不法经营者妄想通过虚假宣传或虚假承诺影响消费者的决定，以达到扩大市场占有率、排挤同行业竞争者的目的。长此以往，诚实守信用的经营者反而被市场淘汰，消费者在屡次受骗又得不到救济后，甚至可能会对网络市场失去信心，客源的流失、秩序的混乱也终将导致虚拟市场经济的衰落，因此规制网络虚假宣传行为尤为关键。

三、网络虚假宣传行为经济法规制中存在的问题

（一）主体、责任、处罚认定不完善

1. 《广告法》存在主体混同和责任认定不清晰

（1）网络广告主体混同

传统广告中的责任主体包括广告主、广告经营者和广告发布者，三者权责明晰，一般不会出现交叉混合。但是同样的三个主体放到网络广告中情况就不同了，由于发布网络广告所需的投入低，操作简单，加上传播速度快、客户转化率高等特性，网络环境下的一些经营者甚至可以一人分饰三角，这就是主体混同，所以当前的法律不能很好地确定责任主体。随着移动互联网技术发展，社交软件使用全民化，广告主体的外延也在不断扩大，有网络服务商（ISP）、视频 App、门户网站、自媒体等，其中 ISP 可分为提供网络接入技术运营和网络内容运营，而《广告法》中对 ISP 并没有一个清晰的定位，权利关系不明确，实践中，这些模糊之处常常给监管带来困难。

（2）网络广告责任认定标准不清晰

广告经营者、广告发布者在明知或应知广告存在虚假的前提下，仍然实施一系列诸如制作、设计、发布的行为，就应该承担相应的法律责任。此时产生了两个问题：第一，在网络虚假广告的案例中，"明知"和"应知"的认定标准具体是什么？通过法条的字面意思，可知"明知"和"应知"就代表着对行为人采用的是过错责任原则，如果行为人不知且也没有义务、可能性去知道广告虚假，那么即为无过错，就不用承担法律责任。但是如何去判断行为人是否知道，是否应当知道，是目前网络虚假广告主体责任认定的模糊之处。第二，在网络广告活动中出现了很多新角色，其中自媒体是较难监管的。比如微

---

① ［德］路德维希·艾哈德. 来自竞争的繁荣［M］. 祝世康，穆家骥，译. 北京：商务印书馆，2001：105-106.

信公众号既有个人公众号也有企业公众号，他们的运营是离不开广告的，当他们借助公众号发布虚假广告时，该如何去判断广告主和广告发布者？加之目前对自媒体发布广告的监控技术还不够成熟，实践中也还没有明确的突破口。

2.《电子商务法》关于责任主体和处罚方式不明确

在移动互联网发展如此迅速的今天，人们的消费渠道越来越多样。从淘宝等电商平台网购，到微信朋友圈等社交软件的微商、代购，再到网红直播购物，让人眼花缭乱，其中的法律关系也是错综复杂。对此《电子商务法》也明确把一些购物渠道的主体纳入电子商务经营者的范围中来。

这意味着在一定程度上，虚假宣传等违法行为的责任主体得到了明确。但是由于电子商务领域的交易复杂性和专业技术性，实践中出现了很多复合的责任主体，比如同时包括了实际销售或提供服务的网店、刷单组织、快递公司和第三方平台经营者等多个主体。然而现在的《电子商务法》对于责任主体的界定并不包括刷单者等主体，甚至经济法部门中的其他法律也并不涉及。在实际案件的处理中，这会导致证据难以固定、消费者维权难等一系列问题，甚至出现某个主体既是真正的消费者又是刷单者的情况，这样导致违法主体很难认定。

此外，《电子商务法》只在第85条提到要对电子商务经营者实施的虚假宣传行为进行处罚，而且处罚的方式是依照相关法律规定，法条对规制虚假宣传行为的处罚方式和数额标准均没有提及，这在具体案件的适用中是不具有实践性的。对于其他类型化的虚假宣传行为如刷单炒信、虚假广告、先提价再打折，法条对他们具体责任形式的规定还是空白。

（二）监管机制不完善

1. 网络经营者的管理制度不合理

（1）网络经营者的身份审查流于形式

我国此前制定了相应的市场准入制度，虽然也在不法经营者的筛查中发挥了作用，但是效果有限，流于形式的审查需要做进一步完善。究其原因，在于对网络经营者的资格审查缺乏完备的身份管理制度，所以一般形式的审查无法形成严密的"过滤网"，去剔除掉那些不合格的经营者。而且对网络经营者的身份审查只是进入网络经济市场的一个门槛，并非能一劳永逸，对于经营者后续在网络市场中的各种活动，市场准入制度的审查也是鞭长莫及的。

（2）网络经营者的信用管理缺失

我国目前对网络经营者虚假宣传行为的监管比较被动，在网络经营者的信用管理方面还留有空白，没有建立起成熟的信用管理体系，这导致其他经营者和消费者了解信息的渠道有限，一般只能从网络经营者的自我展示中去获取相关信息，而一般消费者所掌握的商品、服务信息往往是少于网络经营者的，因此信息的严重不对称和不透明，使得消费者处于弱势地位，合法权益很容易受到侵害。同时，没有信用管理体系的约束，网络经营者在实施虚假宣传行为时也不会去担心自己的信用和商誉因此有了污点，会被记录在案，反而还降低了网络经营者的心理负担和违法成本，加大了监管的难度。

（3）缺乏对网络经营者的行政指导

在对网络虚假宣传行为进行监管时，监管部门通常是被动等待违法行为发生后才采取措施，更多表现为事后的监督，显然是具有滞后性的。而身为执法者，除了要依据法律进行有效监管，还得运用法律去指引、教育他人，不然法的规范作用也无从体现。一味地忽略事前和事中监管，很容易导致更多的消费者和其他经营者遭受到本可以避免掉的侵害。所以，监管部门要重视对网络经营者的行政指导，指引网络经营者进行合法宣传，这样有助于从源头上解决问题，既治标也治本。

2. 行业内部监督不到位

规制网络虚假宣传行为，仅仅依靠政府部门一方的力量是不够的。行业自律也是规制手段之一，主要表现为行业内部成员的自我监督和自我管理，加之受到社会大众的监督、舆论压力的影响，最终形成对各成员都具有约束力的行为准则规范。具体到电子商务领域，电商平台既是参与交易的竞争者，又要作为第三方监管平台。比如淘宝、京东、拼多多等电商平台之间就是一种竞争关系，但同时他们也要对自己平台内的网店交易肩负起监督的责任，这是可以直接从源头上遏制虚假宣传行为的一种方式，做得好就能最大程度地保护消费者、其他经营者的合法权益。但是由于网络平台责任意识不强、行业协会作为一个普通社团组织权限不高且没有执法权，使得网络平台经营者的监管始终不彻底，只能任由各种虚假宣传行为在网上泛滥。

四、网络虚假宣传行为经济法规制的完善

（一）网络虚假宣传行为的立法完善

1. 明确网络广告主体责任认定

虽然《广告法》等相关法律法规规定了广告主、广告发布者、广告经营者、广告代言人和网络平台等多个主体的民事、行政责任，但网络环境中的各种虚假广告依然越来越泛滥，现有的规定显得有些力不从心。当现有规则无法解决问题时，原则所具有的灵活、变通特性就体现了出来，故相关法律可以明

确规定出认定广告主体责任时适用的原则性规定：对于制作、设计、发布网络虚假广告的广告主、广告经营者、广告发布者可采用过错推定原则，先推定网络广告主等主体是存在过错的，如果他们不能证明自己没有过错，则应该承担相应的法律责任。因为网络广告主体在实际的交易中一般处于强势地位，掌握着比消费者更多的信息，加强网络广告主体的责任，一方面有助于督促他们诚信经营，另一方面能更好地维护消费者合法权益。对于为网络广告主发布虚假广告提供平台的经营者，可以采用过错责任原则，因为第三方平台经营者对自己平台上发布的广告宣传，是负有事前审查义务的，既要形式审查也要实质审查，那些不符合法律规定、行业规则的宣传行为，一旦造成危害后果，网络平台经营者要与广告主体一起承担相应的法律责任。当然，也不能过分加重第三方平台的责任，如果平台经营者因过失导致未尽审查义务，可谴责性较小，由此可见采用过错责任原则也不无道理。这样不仅有助于增强网络平台经营者的责任意识，还符合过错与责任相适应的平衡法则。

2. 完善规制电子商务虚假宣传的制度

（1）明确电子商务主体权利义务的法律制度

由于《电子商务法》在第二章明确规定了电子商务经营者所要承担的义务，如办理登记、保护个人信息、依法纳税、出具发票等，同时也提到电子商务平台经营者具有保护个人信息、提供显著标识、维护交易安全等义务。但对于监管主体和行业自律主体的权利义务却不够明确，为顺应时代发展，法律也该具体去规定这些主体的权利义务，如监管主体在享有监管职权的同时也负有着不得滥用职权、玩忽职守的义务；行业自律主体在行使监管权时应遵守行业规范，这些义务和电子商务经营者要承担的义务同样重要。

（2）完善电子商务虚假宣传的法律责任制度

首先，《电子商务法》第 17 条中规定电商经营者不得进行虚假宣传的条文，过于简略，没有提及违法后果，后面在第 85 条对其法律责任的规定是"依照有关法律规定处罚"，同样过于笼统。立法在追求体系性、协调性的同时，也要注意到电子商务领域的特殊性，比如其虚拟交易的特点，就会导致受害消费者维权难度大于普通消费者，因此相关救济制度应更加具体明确。最后，根据《消费者权益保护法》，如果电子商务经营者的虚假宣传行为构成欺诈，那么可适用惩罚性赔偿责任。只不过实践中，惩罚性赔偿责任的效果不是很理想，所以相关部门可以出台相关司法解释、实施细则以增强惩罚性赔偿责任的可操作性。

（二）网络虚假宣传行为的监管完善

1. 健全网络经营者数据库

网络经营者的身份审查要想不再流于形式，关键在于建立一个完备的网络经营者信息数据库，其中第一步就是要对网络经营者实现实名制登记认证。实名登记的信息可以帮助监管部门更全面地掌握经营者的情况，审查的内容会更有针对性，从源头处就过滤掉了一部分不合格的经营者。实名认证过程中，对经营者的实质审查重点应落在资质审查上，审查一些特殊商品如食品、化妆品的经营者时要加倍注意。实名认证审查通过以后，监管部门颁发专门的认证证书给网络经营者，并且要规定证书一定期限内进行年检，保持信息持续更新。此时市场监管局和税务局可以联合提供"一站式"的办证服务，精简流程，方便群众的同时还提高了行政效率，通过机关之间的联合筛查，查阅申请人提交的材料，信息录入数据库。以实名认证为基础的信息数据库，定位精准，有助于及时发现潜在的违法者，做到事前监管。

2. 构建网络经营者信用监管平台

信用对于网络经营者来说是至关重要的，虚假宣传等失信行为能带来一时的利益，却带不来经久不衰的口碑。为解决网络经营者的信用监管问题，国家发改委进行了信用产品产业化尝试，推进社会信用服务机构试点，这样可以实现政府数据和社会真实数据的交汇，给数据库注入新的活力。除了实践中的一些尝试，要想打造行之有效的网络经营者信用监管平台，就得在经营者实名认证制度的配合下，有效运用高科技手段。打造信用管理平台，主要功能是对网络经营者进行信用评价和信用公示，给经营者如何进行合法宣传活动做出指引，促使他们在良性竞争中提供产品、服务质量，加强信息透明度。第一步要建立属于网络经营者的个人信用档案，里面主要记录能直观反映出经营者信用的事项，如宣传状况、合同履约情况、是否受过投诉等。第二步是构建网络经营者信誉评价体系，按照档案内容对经营者的信用进行等级评定。可以借鉴美国的经验，对电商企业采用综合多方的评价标准，通过政府部门和企业、行业协会等第三方机构合作，更加客观准确地反映经营者的信用状况，如果发现虚假宣传等违法行为记录，就降低经营者信用等级，并纳入重点观察对象。第三步是信用公示，按"保证质量、突出重点、分类公示"的原则，既公示经营者的信用等级，也对实施网络虚假宣传的经营者进行曝光，同时说明不同信用等级代表的风险度，并对长期处于低等级的经营者发出预警。最后，可以创新运用区块链技术，保存数据完整性，固定证据。虽然区块链技术下的数据无法更改，但可以随意调取查阅，不失为一个监管的好方法；还可以考虑运用人工智能技术，通过机器人更高效精准地搜集、分析数据，这样得来的结论更客观真实。

3. 加强行政指导

监管机关要想取得事半功倍的监管效果，其实并非只能在加大监管力度、推行强制措施等方面下功夫，还可以对网络经营者进行行政指导，刚柔并济。行政指导有说服、协商、建议、奖励等方式，可见监管者和经营者的关系也并非是绝对对立的，监管措施既可以雷霆万钧，也可以化为和风细雨。比如监测到某网络经营者有实施虚假宣传的可能时，监管部门的行政指导能够在事前遏制住该违法行为，同时又起到教育作用，采用的是比较温和的方式，经营者内心也易于接受，而并非迫于外部强制力；如果网络经营者已经在实施虚假宣传行为了，行政指导可以起到一个纠错的作用，及时止损；如果虚假宣传实施完毕，那么行政指导可以发挥警告、训诫的作用，引导他们改过自新。

4. 建立平台经营者、行业组织协同监管体系

在如今的网络交易中，第三方平台就仿佛是网络经营者和消费者中间架起的一座桥梁，网络平台经营者作为这座桥梁的管理者，对于桥上发生的交易、纠纷，自然要肩负起自己的责任，维护好桥上的秩序。究其根本，网络平台属于企业，是企业就会逐利，因此不能过分加重平台的监管责任，但网络平台可以从旁协助监管。具体来说，网络平台是最先收集到平台内经营者违法证据的一方，因此在市场监管局等部门执法时，平台方有义务提供违法者信息、配合调取证据。尤其是网络刷单这类复杂案件，隐蔽性很强，平台和行政机关的合作是最佳选择。另外，网络平台可对网络经营者实施诚信褒奖机制和违法失信惩罚机制，一方面奖励诚实守信的卖家，如在平台主页推广、减少入驻费等；另一方面对失信的卖家，采取降低搜索排名、封店等措施。而奖惩的评价标准，则来自信用监管平台，以政府和第三方机构综合评定的信用等级作为依据，这样网络平台的监管行为就更加公平合理，不同主体间的监管也得到了有效衔接。在此基础上，要帮助行业自律组织扩大自身规模和影响力，明文制定行业规范；授权行业组织相应执法权，树立威信；行业组织内部成员要诚实守信并相互督促，以做到真正的自律，如果发现虚假宣传等违法行为，将会受到高额罚款或是组织除名等处罚。这些完善措施，可以让行业组织在监管网络经营者时不再显得力不从心，发挥出自己应有的作用。

参考文献

[1] 蔡琳. 论"软法"的概念 [J]. 财经法学，2017（2）.

[2] 蔡岩，陈兆复. 论物流行业的经济法规制 [J]. 中国物流与采购，2020（12）.

[3] 曹京徽，江游. 论经济法的范式 [J]. 江海学刊（南京），2017（6）.

[4] 翟静波. "知假买假"行为的经济法规制 [J]. 梧州学院学报，2020，30（4）.

[5] 董成惠. 经济法概念的厘清与重构 [J]. 时代法学，2020，18（5）.

[6] 董风华. 宏观调控法与市场规制法的关系 [J]. 现代经济信息，2014（19）.

[7] 董文静. 市场规制法的理论探究及问题分析 [J]. 职工法律天地，2017（8）.

[8] 段蔚. 浅谈和谐社会中的市场规制法 [J]. 职工法律天地，2017（8）.

[9] 葛恒云，赵伯祥，王淑青，等. 经济法学 [M]. 北京：对外经济贸易大学出版社，2016.

[10] 葛琳. 当代经济法学 [M]. 郑州：郑州大学出版社，2019.

[11] 葛现琴. 经济法原理与实务 [M]. 北京：中国政法大学出版社，2013.

[12] 韩立余，张丽英. 国际经济法学原理与案例教程 [M]. 北京：中国人民大学出版社，2015.

[13] 侯欢. 软法与硬法之治：税收优惠规范化的模式选择 [J]. 西南政法大学学报，2017，19（2）.

[14] 侯璐. 经济法学专题研究 [M]. 哈尔滨：东北林业大学出版社，2018.

[15] 黄河，王兴运. 经济法学 [M]. 北京：中国政法大学出版社，2016.

[16] 黄茂钦. 探寻经济领域的软法之治 [J]. 人民法治，2016（6）.

[17] 黄子倩. 宏观调控法责任基本问题研究 [J]. 职工法律天地，2016（16）.

[18] 霍筑杰. 循环经济法实施价值及构建评析 [J]. 环境保护与循环经济，

2020, 40 (6).

[19] 姜延迪, 徐春燕. 国际经济法实务教程 [M]. 长春: 吉林人民出版社, 2016.

[20] 李昌庚. 回归自然的经济法原理 [M]. 北京: 知识产权出版社, 2010.

[21] 李昌麒, 吕忠梅, 黄河, 等. 经济法学 第5版 [M]. 北京: 中国政法大学出版社, 2017.

[22] 李慧. 宏观调控法的一般原理 [J]. 职工法律天地, 2017 (12).

[23] 李洁, 张建军, 陈云英, 等. 经济法实务教程 [M]. 武汉: 武汉大学出版社, 2012.

[24] 李琳. 新时代循环经济法应对环境问题的选择 [J]. 绿色科技, 2020 (2).

[25] 李容. 论经济法的独立性 [J]. 职工法律天地, 2019 (12).

[26] 李曙光. 经济法学 第3版 [M]. 北京: 中国政法大学出版社, 2018.

[27] 李思琪. 经济法的社会责任原则研究 [J]. 消费导刊, 2021 (15).

[28] 李永清. 论经济法趋势 [J]. 广西质量监督导报, 2019 (10).

[29] 李湧莉. 浅议市场规制法中规制工具的选择和运用 [J]. 福建质量管理, 2019 (24).

[30] 刘春梅. 我国经济法功能研究 [J]. 法制博览, 2019 (7).

[31] 刘继峰. 经济法学 [M]. 北京: 中国政法大学出版社, 2019.

[32] 刘敬东. 改革开放中的国际经济法学 [M]. 北京: 社会科学文献出版社, 2018.

[33] 刘清. 浅论经济法的基本原则 [J]. 福建质量管理, 2019 (17).

[34] 刘少军, 王一鹤. 经济法学总论 [M]. 北京: 中国政法大学出版社, 2015.

[35] 刘云亮. 经济法的软法形式、理性与治理 [J]. 南京社会科学, 2018 (4).

[36] 孟国碧. 国际经济法学 [M]. 厦门: 厦门大学出版社, 2016.

[37] 倪振峰. 经济法学 [M]. 上海: 复旦大学出版社, 2020.

[38] 彭飞荣. 中国经济法学——一种知识系统论的研究视角 [M]. 北京: 法律出版社, 2018.

[39] 漆多俊. 法学原论系列 经济法基础理论 [M]. 北京: 法律出版社, 2019.

[40] 乔君灿. 网约顺风车市场的经济法规制 [J]. 企业改革与管理, 2020 (9).

［41］乔新蓉．循环经济法的立法价值研究［J］．宿州教育学院学报，2019，22（2）．

［42］孙晋．现代经济法学［M］．北京：法律出版社，2020．

［43］孙艺桓．浅析经济法的价值［J］．企业科技与发展，2021（3）．

［44］孙佑海，王凤春，李丹．《循环经济促进法》及其实施问题研究［M］．北京：中国社会科学出版社，2015．

［45］谭桂荣，王俊．经济法基础与实务［M］．济南：山东人民出版社，2009．

［46］汪发元，凡启兵，吴忠奇，等．经济法学［M］．长沙：湖南科学技术出版社，2018．

［47］王玎．共享经济视野的网约车监管方式［J］．重庆社会科学，2017（3）．

［48］王莉．关于循环经济法的基本问题浅析［J］．职工法律天地，2018（6）．

［49］王卫国，李东方．经济法学 第4版［M］．北京：中国政法大学出版社，2019．

［50］王欣伟．数字经济的经济法规制问题研究［J］．阜阳职业技术学院学报，2020，31（1）．

［51］王玉辉，程宝山．经济法学［M］．郑州：郑州大学出版社，2019．

［52］王紫阳．市场规制法的作用［J］．法制博览，2019（33）．

［53］卫思瑜．关于循环经济法基本问题分析［J］．经济研究导刊，2017（10）．

［54］魏子顺．人工智能产业发展的经济法规制探析［J］．职工法律天地，2019（6）．

［55］席月民．经济法学的现代转型［M］．北京：社会科学文献出版社，2018．

［56］谢伟．经济法学［M］．北京：经济科学出版社，2018．

［57］邢会强．走向规则的经济法原理［M］．北京：法律出版社，2015．

［58］邢宇博．论宏观调控法的社会契约精神［J］．法制博览，2019（6）．

［59］徐建．当代经济法学概述［M］．北京：世界图书出版公司，2017．

［60］徐孟洲．经济法学原理与案例教程［M］．北京：中国人民大学出版社，2016．

［61］薛克鹏．经济法学［M］．北京：中国政法大学出版社，2018．

［62］杨芳纳．浅析环境权与循环经济法的关系［J］．经营管理者，2017（31）．

［63］杨金月．浅析经济法调整对象［J］．经济师，2021（3）．

[64] 杨千熠. 经济法的社会经济功能研究 [J]. 法制与社会, 2021 (4).

[65] 杨雨. 网约车的经济法规制研究 [J]. 消费导刊, 2020 (45).

[66] 杨尊源. 规制治理理论视域下的经济法规制机制——以消费外部性问题为例 [J]. 河南工业大学学报 (社会科学版), 2021, 37 (1).

[67] 殷洁.21 世纪法学系列教材 经济法 第 7 版 [M]. 北京: 法律出版社, 2019.

[68] 游祯祥. 循环经济法基础问题研究 [M]. 沈阳: 辽海出版社, 2019.

[69] 于小宁. 经济法是市场规制法与宏观调控法的有机结合的理论分析 [J]. 好日子 (中旬), 2017 (12).

[70] 俞金香, 韩敏. 环境权与循环经济法的法理研究 [M]. 北京: 中国社会科学出版社, 2017.

[71] 俞金香, 卢凡. 试论循环经济法的概念及其调整对象 [J]. 商场现代化, 2015 (1).

[72] 张春燕. 经济法原理与案例研习 [M]. 北京: 中国法制出版社, 2017.

[73] 张世明. 经济法学理论演变原论 [M]. 北京: 中国人民大学出版社, 2019.

[74] 张晓君. 国际经济法学 第 2 版 [M]. 厦门: 厦门大学出版社, 2017.

[75] 张学博. 经济法学前沿问题研究 [M]. 北京: 中国政法大学出版社, 2016.

[76] 张祖增. 循环经济法视角下 "限塑新政" 探讨 [J]. 沈阳工业大学学报 (社会科学版), 2021, 14 (2).

[77] 赵伟男. 浅论宏观调控法的地位 [J]. 法制博览 (中旬刊), 2013 (3).